Beck'sche Schwarze Reihe
Band 204

Was braucht der Mensch, um glücklich zu sein

Bedürfnisforschung und Konsumkritik

Herausgegeben von
Klaus M. Meyer-Abich und Dieter Birnbacher

VERLAG C. H. BECK MÜNCHEN

CIP-Kurztitelaufnahme der Deutschen Bibliothek

Was braucht der Mensch, um glücklich zu sein:
Bedürfnisforschung u. Konsumkritik/hrsg. von
Klaus M. Meyer-Abich u. Dieter Birnbacher. –
München: Beck, 1979.
(Beck'sche Schwarze Reihe; Bd. 204)
ISBN 3406060048
NE: Meyer-Abich, Klaus Michael [Hrsg.]

ISBN 3 406 06004 8

Einbandentwurf von Rudolf Huber-Wilkoff, München
Umschlagbild: Werbegag eines Klima-Geräte-Herstellers (Südd. Verlag)

Satz: Georg Appl, Wemding – Druck: aprinta, Wemding
Printed in Germany

Inhalt

Vorwort

Geld auszugeben, kommt uns meistens viel einfacher vor, als es zu verdienen. In der Tat: Viele Menschen, und nicht nur die Wohlhabenden, bringen es, wenn sie etwas kaufen, schon bei Büchern, Textilien und Gegenständen des täglichen Bedarfs oft genug auf viele hundert Mark pro Stunde, während ihr Verdienst – ebenfalls pro Stunde gerechnet – weniger als den zehnten Teil davon beträgt. Geld auszugeben, ist in diesem Sinn nicht schwer.

Wie sicher aber sind wir, daß wir das Geld, das wir ausgeben, auch *richtig* ausgeben, d. h. unseren wirklichen Bedürfnissen gemäß? Überlegen wir nicht in vielen Fällen doch ziemlich lange, ob wir uns einen bestimmten Gegenstand kaufen wollen oder nicht und an welchem der angebotenen Produkte wir wohl am ehesten Freude haben werden? „Der Konsument ist die einzige Grenze und der einzige Zweck aller Produktion", sagt Adam Smith[1] zu Recht, aber der Unterschied zwischen einem gelungenen und einem letztlich doch nicht befriedigenden Kauf ist ein Beispiel dafür, daß die Begegnung von Angebot und Nachfrage nicht notwendigerweise auch die Deckung eines Bedarfs oder die Erfüllung eines Bedürfnisses mit sich bringt. Wir wollen einen Bedarf decken, müssen ihn jedoch zu einer bestimmten Nachfrage auf dem Markt konkretisieren, was manchmal mißlingt. Wenn wir über den Unterschied einer gelungenen (bedürfnisgerechten) Nachfrage von einer verfehlten Nachfrage weiter nachdenken, ergibt sich eine Reihe weiterführender Fragen. Diesen Fragen ist dieses Buch gewidmet.

Die vier Aufsätze des ersten Teils behandeln die Möglichkeiten der Erforschung und Definition von Bedürfnissen, die Notwendigkeit der Unterscheidung von Bedürfnis, Bedarf und Nachfrage sowie die Frage der Manipulation durch Werbung. Diese Beiträge sind anläßlich einer Tagung in der Evangelischen Akademie Hofgeismar im Februar 1978 aus der Arbeit der Arbeitsgruppe Umwelt, Gesellschaft, Energie (AUGE) der Universität Essen-GHS in Kooperation mit Mitarbeitern des Internationalen Instituts für Umwelt und Gesellschaft (IIUG) des Wissenschaftszentrums Berlin hervorgegangen.

Was der Mensch braucht, um glücklich zu sein, ist nicht zuletzt angesichts der ‚Grenzen des Wachstums' ein Thema von größter Bedeutung, wissenschaftlich aber weitgehend Neuland. Um dem Leser die Vielfalt der Diskussion in diesem Buch möglichst authentisch vorzustellen, haben wir eine Reihe von Kollegen, die sich zu den von uns behandelten Fragen anderweitig geäußert haben, um eine Reaktion auf die vier Aufsätze gebeten. So ist der zweite Teil entstanden, wobei sich teils kritische, teils zustimmende Äußerungen sowie wesentliche Erweiterungen ergeben haben.

Der dritte Teil des Buchs dient der Veranschaulichung der vorangegangenen Überlegungen anhand ausgewählter Beispiele aus dem Bereich des Konsumverhaltens. Daß die Buntheit der Beiträge zum Ende hin zunimmt, liegt im Wesen der Sache, denn auf die Frage, was der Mensch braucht, um glücklich zu sein, kann es in concreto immer nur vielfältige Antworten geben.

Essen, August 1979 *Die Herausgeber*

I.

Bedürfnis und Bedarf

Katrin Lederer

Bedürfnisse: ein Gegenstand der Bedürfnisforschung?

1. Das Problem: ‚Bedürfnisse' als Schlagwort

Je höher eine Gesellschaft organisiert ist, desto mehr Wissen benötigt man offenbar über Bedürfnisse der Gesellschaftsmitglieder. Die verschiedenen staatlichen Instanzen benötigen solches Wissen, um Vorsorge- und Versorgungsleistungen bedürfnisgerecht planen und organisieren zu können. Die Privatwirtschaft benötigt solches Wissen, um ihr Produkt- und Serviceprogramm an den Bedürfnissen der Konsumenten orientieren zu können. Und vor allem benötigen die einzelnen Menschen selbst solches Wissen: Erstens, um kritisch prüfen zu können, ob das, was ihnen an Produkten und Leistungen angeboten wird, tatsächlich ihren Bedürfnissen entspricht; zweitens, vermutlich noch wichtiger, um kritisch prüfen zu können, ob das, was andere oder sie selbst für ihre Bedürfnisse halten, ihre tatsächlichen Bedürfnisse sind.[2]

Für sozialistische wie für kapitalistische Gesellschaftssysteme wird gleichermaßen in Anspruch genommen, daß die jeweiligen Gesellschaftsmitglieder darin ihre Bedürfnisse in hohem Maß entfalten und befriedigen können. Andererseits lassen Bürgerbewegungen in Ländern beider politischer Lager aber zunehmend Zweifel an der tatsächlichen Bedürfnisgerechtigkeit erklärtermaßen bedürfnisorientierter Planung aufkommen.[3] Auch zunehmende Bestrebungen in supranationalen Organisationen, ihre Aktivitäten im Hinblick auf menschliche Bedürfnisse zu organisieren oder zu beschreiben, bleiben nicht ohne Kritik.

So stellt der Schweizer Politologe Gilbert Rist sarkastisch fest, daß innerhalb des UN-Systems Grundbedürfnisse in aller Regel offenbar so bestimmt werden, daß sie den Beschäftigungsstand der einzelnen UN-Sonderorganisationen möglichst hoch halten – also Nahrung als wichtiges Grundbedürfnis im Sinne der FAO, Gesundheit im Sinne der WHO, Arbeit im Sinne der ILO, Erziehung im Sinne der UNESCO usf. „Wohnung", so Rist weiter, „stand bereits im Mittelpunkt der UN-Konferenz ‚Habitat' (UN-Conference on Human Settlements);" und, um dies endlich ad absurdum zu führen: „eine Gründung von UNOCAF (UN Office for Clothing and Fashion – UN-Büro für Kleidung und Mode) sollte baldmöglichst folgen". (Gilbert Rist 1978)

Es bleibt schließlich das Gefühl nicht aus, ‚Bedürfnisse' stünden für ein Konzept, mit dem jeder, selbst im ausschließlich eigenen Interesse, machen kann, was er will. Die Konsumgüterindustrie bemächtigt sich der Bedürfnisse mit gleichem Recht wie die Befürworter eines weitgehenden Konsumverzichts. Will man einen solcherart in Mode und teilweise schon in Verruf geratenen Begriff in seinem fruchtbaren und menschenfreundlichen Potential, das er ja zweifellos haben könnte, für die gesellschaftliche Planung retten, wird meist die Hoffnung auf die Wissenschaft gesetzt.

Damit drückt sich ein Wunsch nach ‚objektiven' Entscheidungshilfen aus in der Frage, welches Konzept und welche Anwendung denn nun die ‚richtigen' seien – eine Erwartung, der leider auch von vielen Wissenschaftlern nicht widersprochen wird. Daß sie gelegentlich problematisch ist, läßt sich gerade auch mit der Bedürfnisforschung demonstrieren: *Die* allgemein akzeptierte Bedürfnistheorie gibt es nicht; und Forscher, die sich ansatzweise oder umfassender mit entsprechenden Fragen auseinandergesetzt haben, kommen zu durchaus unterschiedlichen Empfehlungen für Art und Rangfolge berücksichtigenswerter Bedürfnisse.

Vorerst sind jedenfalls mehr Zweifel als Gewißheiten auch über die Kompetenz von Forschern angebracht, ohne maßgebliche Mitwirkung der Menschen, um deren Bedürfnisse es dabei geht, Verbindliches über Bedürfnisse auszusagen. Eine einwandfreie Bestimmung von Bedürfnissen erfordert nämlich nicht nur die Kenntnis geschichtlicher, kultureller, politischer, wirtschaftlicher und sozialer Gegebenheiten in dem jeweiligen Land oder Planungsgebiet für den Zeitraum der Untersuchung sowie ein umfassendes Wissen über die besonderen Lebensumstände der dort lebenden Menschen. Sie schließt notwendigerweise auch eine ganze Reihe von wertenden Entscheidungen ein, sowohl auf Seiten der einzelnen Menschen, die für sich bestimmte Bedürfnisse erfahren und wahrnehmen, als auch auf Seiten der verantwortlichen politischen Entscheidungsträger, von denen eine Initiierung und Durchführung bedürfnisgerechter gesellschaftlicher Planung erwartet wird.

Was die Wissenschaft kann, ist, einige vergleichsweise bescheidenere Beiträge zur Ermittlung von Bedürfnissen, die für die Planung maßgeblich sein sollten, anzubieten. Davon wird in den folgenden Abschnitten die Rede sein. Es handelt sich zum einen um eine ‚klassische' Aufgabe der Forschung, nämlich das Problemfeld zu ordnen – mit den Fragen: *Was* sind Bedürfnisse, *wer* kann oder soll Bedürfnisse haben bzw. äußern, und *wie* kommt man zu Angaben über planungsrelevante Bedürfnisse? Zum anderen lassen sich, darauf aufbauend, einige Feststellungen zu speziellen Bedürfnissen, Bedürfnisbefriedigungen und Bedürfnisversagungen (‚Frustrationen') treffen.

2. Zur Klärung: Was sind, wer hat, wie ermittelt man Bedürfnisse?

Arten und Eigenschaften von Bedürfnissen

Im vorangegangenen Abschnitt sind schon einige Bedürfnisse, genauer: Bedürfniskategorien, genannt worden – Nahrung, Gesundheit, Wohnen zum Beispiel. Die Frage ist nun, was eigentlich alles als Bedürfnis bezeichnet werden kann. In der Tat ist ein nicht unerheblicher Teil der Bedürfnisforschung dem Entwurf von Kategoriensystemen zur Klassifizierung von Bedürfnissen gewidmet worden. Dasjenige System, auf das noch heute am meisten Bezug genommen wird, stammt von Abraham Maslow, erstmals von ihm 1943 vorgestellt.[4]

Maslow war, anhand von Beobachtungen psychisch kranker Patienten, zu dem Ergebnis gekommen, daß es eine Reihe von sogenannten *Grundbedürfnissen, d. h. hier: umfassenderen Bedürfniskatego-*

rien, gibt, die den Menschen in typischen Abfolgen bewußt werden. Bei den von Maslow ermittelten Grundbedürfnissen handelt es sich um 1. physiologische Bedürfnisse, 2. Sicherheit, 3. Geborgenheit, Liebe, 4. Ansehen, Geltung und 5. Selbstverwirklichung. Maslows Beobachtung war außerdem, daß in der genannten Reihenfolge sich das nächst‚höhere' Bedürfnis in der Regel erst dann entwickelt, wenn das jeweils ‚niedrigere' Bedürfnis aus dieser Reihe befriedigt zu sein scheint; er spricht demzufolge von einer Bedürfnishierarchie.

Um naheliegenden Verwirrungen vorzubeugen, muß an dieser Stelle erwähnt werden, daß es außer dem Synonym für ‚umfassende Bedürfniskategorien' noch ein weiteres Verständnis von ‚Grundbedürfnissen' gibt. Es handelt sich dabei um eine Bezeichnung für solche Bedürfnisse, deren Befriedigung als besonders dringlich, meist: lebensnotwendig, angesehen wird. Dazu werden in aller Regel – einem biologischen Erbe der Bedürfnisforschung folgend, vielleicht aber auch von Maslows Hierarchie inspiriert – die physiologischen Bedürfnisse gerechnet, und speziell in diesem Sinn spielt der Grundbedürfnis-Begriff in den letzten Jahren für die Entwicklungsplanung in Ländern der 3. Welt eine bedeutende Rolle. In jüngster Zeit distanziert sich die Bedürfnisforschung jedoch zunehmend von einem solchen wertenden Verständnis der Grundbedürfnisse, u. a. wegen seines materialistischen ‚bias' (s. verschiedene Beiträge in Lederer 1979). Der vorliegende Beitrag folgt dieser Argumentation und beschränkt sich auf die erwähnte formale Interpretation des Wortes ‚Grundbedürfnisse'.

In der wissenschaftlichen Literatur, namentlich der der Entwicklungspsychologie, lassen sich einige Parallelen zu den Erkenntnissen Maslows finden. Auch beziehen sich nicht wenige ‚praktische' Bedürfnisforscher ausdrücklich auf das Kategorienschema von Maslow.[4] Andererseits ist es nicht ohne Kritik geblieben. Diese Kritik bezieht sich vor allem auf die offensichtlich wertende Einteilung in ‚höhere' und ‚niedrigere' Grundbedürfnisse, auf die Verallgemeinerungsfähigkeit von Beobachtungen an psychisch Kranken auf die Durchschnittsbevölkerung und auf Vermutungen über Lücken im Maslowschen System.

Die Entwicklung der Bedürfnisforschung seit Maslow legt nahe, dessen Kategoriensystem lediglich als ein mögliches Klassifikationsschema für Grundbedürfnisse zu betrachten. Es gibt mittlerweile andere, weiter ausgearbeitete Schemata, auf die hier aber gar nicht im einzelnen eingegangen werden muß.[5]

Denn: Solange alle im allgemeinen als wesentlich betrachteten Lebensäußerungen ihren Platz darin finden können, wird man sich schwer tun, zwischen verschiedenen Klassifikationssystemen für Grundbedürfnisse sachlich oder logisch zu entscheiden. In einem einigermaßen vollständigen System wird sich jedes konkrete Bedürfnis ‚unterbringen' lassen. Ohnehin können die Kategorien von Grundbedürfnissen zunächst nur einen sehr allgemeinen und vagen Eindruck davon vermitteln, was Menschen ‚brauchen'. Für Zwecke der gesellschaftlichen Planung sind solche Angaben nicht konkret genug.

Ein Grundbedürfnis nach Sicherheit zu haben, kann vielerlei bedeuten, beispielsweise Arbeitsplatzsicherung und auch Sicherheit vor Umweltgefahren. Dieses sind zwei Ausprägungen des Sicherheitsbedürfnisses, die in der Frage etwa eines möglichen Kraftwerkbaus sogar zu entgegengesetzten Ergebnissen führen würden. Denn nach gängiger energiepolitischer Lesart hängt die Arbeitsplatzsicherheit unter anderem von der Energieversorgung ab, die herkömmlichen Arten der Energieversorgung aber sind durchweg mit Umweltgefährdungen verbunden.

Was man für die gesellschaftliche Planung benötigt, sind jedenfalls – gleichgültig zunächst, ob sie widersprüchlich sind oder nicht – konkrete Informationen. Man will wissen, was es für die in einem ganz bestimmten Planungsgebiet und in dem Untersuchungszeitraum lebenden Menschen heißt, etwa ein Bedürfnis nach Sicherheit oder Selbstentfaltung zu haben.

Tatsachen dieser Art sind es, die im vorliegenden Zusammenhang als *‚Bedürfnisse'* bezeichnet werden – *zeit-, orts- und personengebundene Konkretisierungen der ‚Grundbedürfnisse'*. Man mag den Gebrauch von derartig ähnlichen Begriffen für verwandte, aber in wichtigen Punkten eben doch deutlich zu unterscheidende Sachverhalte bedauern; er hat sich aber im allgemeinen und im wissenschaftlichen Sprachschatz weithin so durchgesetzt. Grundbedürfnisse sind praktisch anthropologische Konstanten – raum-zeitlos für die Menschen von Bestand. Bedürfnisse dagegen, Konkretisierungen von Grundbedürfnissen, können unter verschiedenen Lebensformen an verschiedenen Orten und zu verschiedenen Zeiten durchaus unterschiedlich geartet sein. Dabei kann die jeweilige materielle Konkretisierung noch einmal als ‚Bedarf' von den zugrundeliegenden Bedürfnissen unterschieden werden (vgl. dazu den Beitrag von Meyer-Abich in diesem Band).

In der Steinzeit lebten die Menschen in Höhlen, wir benutzen heute Wohnungen und Häuser, um damit im wesentlichen den gleichen Zweck zu erfüllen bzw. um dasselbe Grundbedürfnis zu befriedigen – ein ‚Dach über dem Kopf' zu haben, das u. a. Schutz gegen die Unbilden der Witterung bietet (Ausgleich des Wärmehaushalts; Kategorie physiologische Bedürfnisse).

Die Veränderung von Bedürfnissen im Zeitablauf läßt sich so erklären, daß die Menschen im Umgang miteinander und bei der Produktion oder Beschaffung von Dingen zur Befriedigung vorhandener Bedürfnisse *lernen*. Sie erkennen neue, vielleicht differenziertere oder bequemere Mittel und Wege der Bedürfnisbefriedigung und orientieren fortan ihre Bedürfnisse daran. Das geschieht nicht im ‚luftleeren Raum', sondern in Wechselwirkung mit den die Menschen umgebenden Lebensbedingungen, also mit politischen, wirtschaftlichen, psychischen, sozialen und kulturellen Gegebenheiten. Teils entwickeln sich Bedürfnisse bei den Menschen entsprechend diesen Bedingungen, teils versuchen die Menschen, diese Bedingungen entsprechend ihren Bedürfnissen mitzugestalten.[6]

Das heißt aber gleichzeitig, daß eine Prognose von Bedürfnissen über kurzfristige und allenfalls mittelfristige Planungszeiträume hinaus nicht möglich ist. Auf konkrete Bedürfnisse kann man nur schließen, wenn man umfassende und detaillierte Informationen über Lebensbedingungen hat, in deren Zusammenhang sich Bedürfnisse entwickeln. Es ist nicht möglich, genau vorherzusagen, welcher Gesamtheit von politischen, ökonomischen, sozialen und kulturellen Gegebenheiten wir in zehn Jahren gegenüberstehen werden und wie sich diese auf die Lebensumstände der verschiedenen Gruppen einer dann wahrscheinlich veränderten Sozialstruktur auswirken werden. Deswegen lassen sich Bedürfnisse auch nur kurz- und mittelfristig (und eben nicht langfristig) prognostizieren.

Die Komplexität von Bedürfnissen ist schon angedeutet worden mit der Feststellung, daß Steinzeithöhlen und zeitgenössische Wohnhäuser *im wesentlichen* denselben Zweck erfüllen bzw. zur Befriedigung desselben Grundbedürfnisses geeignet sind. Wohnungen dienen aber offenbar noch anderen Zwecken als dem des Witterungsschutzes, nämlich dem Rückzug vor anderen Menschen etwa (Grundbedürfnis Sicherheit) oder der Repräsentation (Grundbedürfnis Ansehen/Geltung). Andererseits gibt es verschiedene Arten, auf die man sich beispielsweise Ansehen verschaffen kann: nicht nur durch eine repräsentative Wohnung, sondern auch durch eine einflußreiche berufliche Position oder durch vorbildhaftes Verhalten gegenüber den Mitmenschen. Kurzum, ein konkretes Bedürfnis kann unterschiedlichen Kategorien von Grundbedürfnissen zugeordnet werden, und umgekehrt kann ein Grundbedürfnis sich in Form von recht verschiedenen Bedürfnissen konkretisieren.[7] Welches dabei das ‚richtige' Bedürfnis ist, kann durchaus strittig sein, je nachdem, von welchem Menschen- und Gesellschaftsbild man ausgeht; diese Frage ist von politischer Bedeutung, sowie man festzulegen versucht, welche Bedürfnisse bei gesellschaftlichen Planungsvorhaben berücksichtigt werden sollen.

Die Manipulierbarkeit von Bedürfnissen. Wenn es so ist, daß die Bedürfnisse der Menschen sich in Wechselwirkung mit den jeweiligen Umweltbedingungen herausbilden, dann können Bedürfnisse bzw. deren Entstehung und Entwicklung auch gezielt von Außenstehenden beeinflußt werden. Unter dem Stichwort ‚Manipulation' gibt es darüber immer wieder gesellschaftspolitische und ideologisch begründete Auseinandersetzungen. Dabei kann es eigentlich weniger um die Tatsache einer Beeinflussung von Bedürfnissen als solche gehen – denn unsere Bedürfnisse werden ja ständig, auch von in dem Zusammenhang landläufig als ‚unverdächtig' geltenden Menschen und Institutionen beeinflußt: durch die elterliche Erziehung, in der Schule, durch Anregungen und Verhaltensweisen im Freundeskreis.

Wichtiger ist die Frage, wer mit welchem Interesse wessen Bedürfnisse zu steuern oder zu kanalisieren versucht. Kritisch wurde in dem Zusammenhang vor allem zweierlei diskutiert: Erstens, daß die Konsumgüterindustrie durch aufwendige Werbung und durch den Aufbau von Leitbildern einen ‚unechten' Überhang an Konsumbedürfnissen gegenüber Bedürfnissen etwa nach kulturellen oder Bildungsangeboten und direkten zwischenmenschlichen Beziehungen fördere (s. hierzu die detaillierteren Ausführungen von H. Meixner in diesem Band). Zweitens, daß sozial schwache Bevölkerungsgruppen aufgrund ihrer wirtschaftlich schwachen Position am ehesten solchen Beeinflussungsversuchen ausgeliefert und gleichzeitig am wenigsten in der Lage seien, ihre Situation zu reflektieren und ihre eigenen Bedürfnisse wirkungsvoll in die Auseinandersetzung um gesellschaftliche Ressourcen einzubringen.

Hans Magnus Enzensberger hat angesichts dieses Dilemmas einmal folgerichtig bemerkt, daß es trotzdem nicht darum gehen könne, die Bedürfnismanipulation zu beklagen und die Manipulateure zum Verschwinden zu bringen, sondern es müsse, im Gegenteil, ein jeder zum Manipulateur gemacht werden. (H. M. Enzensberger 1974, S. 101) Das hieße: Aufklärung über die Tatsache der Manipulierbarkeit von Bedürfnissen, Anleitung zur Reflexion eigener Bedürfnisse und deren mutmaßlicher Entstehung, Ermutigung zur Teilnahme am politischen Geschehen.

Die Meßbarkeit von Bedürfnissen. Eine wesentliche Schwierigkeit bei dem Versuch, die in der gesellschaftlichen Planung zu berücksichtigenden Bedürfnisse zu ermitteln, besteht darin, daß Bedürfnisse nicht äußerliche Merkmale von Menschen sind und daß man sie deswegen auch nicht direkt messen kann. Auf die Existenz der Bedürfnisse selbst kann nur aufgrund von beobachtbarem Verhalten oder von Berichten darüber bzw. durch Erkundung entsprechender Verhaltensanlagen oder -möglichkeiten geschlossen werden.

Welche Schlüsse aus solchen Beobachtungen oder Berichten aber gezogen werden, hängt wiederum, wie eine Entscheidung über die ‚richtigen' Bedürfnisse, weitgehend von dem Menschen- und Gesellschaftsbild des Betrachters ab.

Aus dieser Beschreibung von Arten und Eigenschaften von Bedürfnissen kann man zusammenfassend ableiten: Bedürfnisse sind nähere Bestimmungen notwendiger und erstrebenswerter Lebensinhalte. Die Attribute *notwendig* und *erstrebenswert* deuten dabei auf den zwangsläufig wertenden Charakter jedweder Bedürfnisbestimmung hin, die eine aktive und bewußte Beteiligung der jeweils betroffenen Menschen bei der Ermittlung ihrer Bedürfnisse unumgänglich macht. Mit *näheren* Bestimmungen ist gemeint, daß eine inhaltliche Aussage über Bedürfnisse konkret sein muß. Solche inhaltlich-konkreten Bedürfnisbestimmungen sind für spezifisch *menschliche* Lebensinhalte (im Gegensatz zu denen anderer Wesen) zu treffen; dabei steht *Lebensinhalt* – umgangssprachlich – für alles, was ein Mensch im Laufe seines Daseins allein oder zusammen mit anderen erlebt, erfährt oder tut, und das kann – wie eingangs demonstriert – nach Kategorien von Grundbedürfnissen geordnet werden.

Lokalisierung von Bedürfnissen – wer ‚hat' Bedürfnisse?

Bedürfniskonzepte sind grundsätzlich *individuenbezogen*. Es ist ja schließlich der einzelne Mensch, der Bedürfnisse für sich erfährt und wahrnimmt. Soweit die Eigenheiten seiner Lebensumstände denen anderer Gesellschaftsmitglieder ähnlich sind, kann man bei diesen jedoch ähnliche Bedürfnisse vermuten. Gleichartige Bedürfnisse verhältnismäßig homogener sozialer Gruppen werden als gruppenspezifische Bedürfnisse oder *gesellschaftliche Bedürfnislagen* bezeichnet (s. hierzu K. Lederer und R. Mackensen 1975).

Diese Betrachtungsebene dürfte am ehesten der Aufgabenstellung gesellschaftlicher Planung entsprechen, nämlich der Vorsorge und Fürsorge für die Bevölkerung, soweit sich als deren Nutznießer hinreichend große gesellschaftliche Gruppen identifizieren lassen. Aber auch die Konsumgüterindustrie richtet sich beispielsweise mit Angebot und Werbung möglichst immer an bestimmte größere gesellschaftliche Gruppen.

Neben individuellen Bedürfnissen und gruppenspezifischen Bedürfnissen bzw. gesellschaftlichen Bedürfnislagen spricht man gelegentlich von *Systembedürfnissen*. Es geht dabei um Erfordernisse, deren Erfüllung die Existenz und das Überleben der Gesellschaft insgesamt gewährleisten sollen, wie etwa der wissenschaftlich-technische Fortschritt, Umweltschutz und öffentliche oder äußere Sicherheit. Solche Bedürfnisse sind weder bestimmten sozialen Gruppen noch einzelnen Menschen direkt zuzuschreiben, auch wenn sie manchen davon vielleicht stärker bewußt sind als dem Rest der Gesellschaft; jedenfalls soll ihre Befriedigung allen Gesellschaftsmitgliedern gleichermaßen zugute kommen.[8]

Demzufolge hätte man drei unterschiedliche Ebenen von Bedürfnisaussagen: individuelle Bedürfnisse, gruppenspezifische Bedürfnisse bzw. gesellschaftliche Bedürfnislagen und Systembedürfnisse (in eleganterer englischsprachiger Version: individual needs, social needs, societal needs). Daß es enge Verflechtungen zwischen diesen drei Ebenen geben muß, ist offensichtlich – immerhin geht es dabei ja um dieselben Belange derselben Menschen, nur auf jeweils abstrakteren Betrachtungsebenen.

Welcherart die Beziehungen zwischen individuellen, gruppenspezifischen und Systembedürfnissen allerdings konkret sind, dazu kann die Forschung m. W. derzeit noch keine belegbaren Kenntnisse anbieten. Mit einiger Sicherheit wird man aber davon ausgehen können, daß Bedürfnisarten und -prioritäten aller drei Ebenen umso ähnlicher ausfallen, je bewußter die Bedürfnisermittlung von allen Gesellschaftsmitgliedern mitgetragen wird, je höher ihre Chancengleichheit bei der Bedürfnisentfaltung und -befriedigung und je demokratischer der Auswahlprozeß für planungsleitende Bedürfnisse ist. Alle diese Möglichkeiten sind bei uns im Prinzip vorhanden, in der Praxis aber offenbar nicht so ohne weiteres durchzuhalten.

Die Ermittlung von Bedürfnissen

Es gibt drei klassische Arten, auf die man angeblich Stichhaltiges über die Bedürfnisse der Menschen erfahren kann: Erstens über den ‚Markt' als Nachfrage nach öffentlichen und privatwirtschaftlich erstellten Gütern und Diensten, zweitens durch direkte Vertretung und Artikulation im politischen Prozeß und drittens über Umfragen.

Das Marktmodell. Namentlich die Privatwirtschaft hat sich die Vorstellung zu eigen gemacht, daß die Bevölkerung ihre Bedürfnisse als Nachfrage nach bestimmten Gütern und Diensten äußert und die Unternehmen mit einem entsprechenden Angebot weitmöglichst darauf reagieren. Ähnlichen Vorstellungen folgen aber auch etwa die Länder und Gemeinden, wenn sie aus der Nutzung öffentlicher Einrichtungen auf ein entsprechendes Bedürfnis nach solchen Einrichtungen schließen. In beiden Fällen schließt man: Was sich durch Nachfrage oder Nutzung dokumentiert, ‚ist Bedürfnis'.

Solcherart Annahmen greifen aber in verschiedener Hinsicht zu kurz. Es ist nicht nur, daß sie ausschließlich den materiellen Aspekt von Bedürfnissen (den ‚Bedarf' bzw. die Nachfrage) betreffen. Sondern darüber hinaus wird bei dem Marktmodell unterstellt, daß die Menschen sowohl umfassende Informationen über das verfügbare Angebot haben („Markttransparenz") als auch tatsächliche Zugangschancen in Form etwa von verfügbarer Zeit und verfügbarem Geld. Es ist zu bezweifeln, daß diese Voraussetzungen bei allen Menschen gegeben sind; außerdem bleibt die Frage, wieweit sich das *Angebot* tatsächlich nach der Nachfrage richtet und nicht umgekehrt das Angebot sich über Werbung die Nachfrage schafft.

Das Demokratiemodell. Niemand, so sollte man meinen, kann Konkreteres über die Bedürfnisse der Menschen aussagen und vor allem dies dann überzeugender im politischen Prozeß vertreten als die jeweils betroffenen Menschen selbst. Dieser Standpunkt hat unter anderem zu der Forderung und teilweise der Praxis geführt, Bürger stärker an der Stadtplanung zu beteiligen; auch Vorschläge zur staatlichen Investitionslenkung unter Einbeziehung der Vertreter verschiedener sozialer Gruppen sind von solchen Überlegungen ausgegangen.

Nun sind einerseits in so komplizierten gesellschaftlichen Gebilden wie fortgeschrittenen Industriegesellschaften mit hohen Bevölkerungszahlen Modelle direkter Demokratie bei Mitwirkung

‚aller' an gesellschaftlich weitreichenden Entscheidungen kaum möglich. Gleichzeitig läßt sich nachweisen, daß in Bürgergruppen oder gewählten Gremien ohnehin die privilegierten Bevölkerungskreise – mit höherem Einkommen und besserer Ausbildung etwa – stets stärker als andere soziale Schichten vertreten sind;[9] dort werden mithin wohl vorzugsweise die Bedürfnisse der ‚gebildeten' Mittel- und Oberschicht geäußert und weitergetragen. Darüber hinaus werden, folgt man Offe, gerade in spätkapitalistischen Gesellschaften eine Reihe von weithin geteilten Bedürfnissen – wie z. B. menschengerechte Stadtplanung und Umweltschutz – zugunsten anderer, auf ‚höherer' politischer Ebene ausgehandelter Interessen vernachlässigt – worunter alle sozialen Gruppen gleichermaßen zu leiden haben (‚horizontale Disparität') (vgl. Offe 1972).

Das Umfragemodell. Viele Wissenschaftler und politische Entscheidungsträger sind immer noch der Ansicht, daß man mit Meinungsumfragen herkömmlicher Art Sinnvolles über Bedürfnisse zutage fördern könne. Ein großer Teil der Marktforschungsinstitute lebt davon, und Politiker fühlen sich mit derartigen ‚Voten' bei Planungsentscheidungen meist sicherer. Umfragen haben zweifellos eine wichtige Funktion in vielen Forschungsvorhaben. Ebensowenig zweifelhaft ist, daß an damit augenblickliche Meinungen und Wünsche ermitteln kann. Ob man damit aber auch gültige und zuverlässige Bedürfnisaussagen erhält, die hohen theoretischen und praktischen Anforderungen entsprechen, ist fraglich – erwartet man doch zumindest näherungsweise so etwas wie Feststellungen der ‚wirklichen' oder ‚wahren' Bedürfnisse der Menschen, was einen hohen Konzentrations-, Reflexions- und Bewußtseinsgrad voraussetzt. Diese Fähigkeiten sind aber weder in der Bevölkerung gleich verteilt noch selbst bei den mit solchen Fähigkeiten im Prinzip ausgestatteten Menschen dauernd gegeben. Wahrscheinlich ist demgegenüber, so Jens-Joachim Hesse in einem Kommentar zu Umfragen für kommunale Planungsvorhaben, daß „... nur die Vorstellungen, Wünsche und Verhaltensweisen erfragt werden, die bereits durch die Restriktionen des bestehenden Angebots und der eigenen Mittel sowie durch einen langen Anpassungsprozeß der Betroffenen geprägt sind" (vgl. Hesse 1972, S. 62f.).

Offenbar haben das Markt-, das Demokratie- und das Umfragemodell der Bedürfnisermittlung ihre Lücken – leider nicht so, daß man sie wechselseitig kompensieren könnte, sondern im wesentlichen gleicher Art: Sie wirken diskriminierend gegenüber den Belangen der sozial schwachen Schichten. Was ansonsten als Information herauskommt, beschreibt bestenfalls aktuelle Bedürfnislagen, nicht künftige Bedürfnisse, die ja für Planungsvorhaben von besonderer Bedeutung wären. Es sei denn, man wollte die Entscheidung darüber, an welchen Bedürfnissen die künftige gesellschaftliche Entwicklung orientiert sein soll, anhand einer Status-quo-Extrapolation treffen – aber die Frage ist ja gerade, ob der Weg, den wir gehen, eigentlich der richtige ist.

3. Perspektiven: Konkretes über Bedürfnisse

Von den wenigen konkreten Ansätzen, die aus der Bedürfnisforschung gegenwärtig für eine bedürfnisgerechte gesellschaftliche Planung abgeleitet werden können, sollen abschließend drei ausführlicher behandelt werden: zwei Orientierungsvorschläge zum ‚Heranfragen' an Bedürfnisse und ein Beispiel für deren nach dem gegenwärtigen Stand des Wissens methodisch vergleichsweise einwandfreieste Ermittlung.

Bedürfnisversagungen und deren Auswirkung

Seit einiger Zeit liegen uns Statistiken darüber vor, daß bei der Bevölkerung in Gebieten mit starker Luftverschmutzung deutlich mehr Fälle von Krebserkrankungen auftreten als in weniger belasteten Regionen.[10] Hier wird offenbar ein wichtiges Bedürfnis, nämlich das, gesund zu sein, verletzt. (Gleichzeitig wird diese Tatsache nicht selten unter Hinweis auf ein anderes wichtiges Bedürfnis, nämlich einen Arbeitsplatz zu haben, entschuldigt.) Spätestens seit Durkheims Arbeit über den Selbstmord aufgrund von, stark vereinfachend gesagt, gestörten Sozialbeziehungen (vgl. Durkheim 1897) beobachten wir auch Hinweise auf mangelnde Bedürfnisbefriedigungen im sozialen Bereich: Erscheinungen wie Terrorismus, besonders in der Bundesrepublik, Italien und Japan, steigende Verbreitung von Alkohol- und Drogenmißbrauch, von Eigentums- und Persönlichkeitsdelikten und auch von Selbstmorden in nahezu allen westlichen Industrieländern seit Ende des Zweiten Weltkriegs verletzen ja nicht nur die Grundwerte der jeweiligen Gesellschaften, sondern sind gleichzeitig ein Zeichen dafür, daß einige Menschen oder Gruppen in diesen Gesellschaften ihre oder die Bedürfnisse ihrer Mitmenschen nicht befriedigt sehen.

Das Erklärungsmuster, das die Bedürfnisforschung für diesen Zusammenhang anbieten kann, ist, daß Bedürfnisversagungen (‚Frustrationen') von bestimmten, wahrscheinlich identifizierbaren Schwellen an bei Menschen Aggressionen auslösen – gegen sich, gegen andere Menschen und gegen Sachen. Wenn also gefragt wird, an welchen Bedürfnissen die gesellschaftliche Planung orientiert sein sollte, so könnte eine Antwort heißen: *Versuchen Sie herauszubekommen, wie und bei wem sich individuelles Leiden und von daher negative Konsequenzen für die Rolle der Betroffenen in der Gesellschaft (im Verhältnis zu gesamtgesellschaftlichen Werthaltungen) in Form von Aggressionen gegen sich selbst, Andere und Sachen manifestieren, und versuchen Sie ferner herauszubekommen, welche Art von Bedürfnisversagungen zu solchen Aggressionen geführt haben könnten.* Dahinter stehen zweifellos Bedürfnisse, die bisher bei der gesellschaftlichen Planung zu kurz gekommen sind. Selbstverständlich ist es nicht einfach, solche Untersuchungen nach üblichen sozialwissenschaftlichen Standards annehmbar durchzuführen, denn soziale Begründungszusammenhänge sind vielschichtig und weitläufig.

Wesentliche Merkmale bedürfnisgerechter gesellschaftlicher Planungsmaßnahmen

Wenn man sich verschiedene Klassifikationssysteme von Grundbedürfnissen ansieht, wird man immer wieder feststellen, daß darin gar nicht oder nur sehr begrenzt von Dingen die Rede ist (am plausibelsten könnte man das noch bei der Kategorie ‚physiologische Bedürfnisse' unterstellen), sondern eher von Gefühlszuständen. Dementsprechend kommt es möglicherweise nicht vor allem darauf an, *was* ein Mensch zur Befriedigung seiner Bedürfnisse bekommen kann, sondern *wie* er dazu kommt. An einigen Beispielen kann man das erläutern:

Die oben erwähnten Entwicklungen bei Alkohol- und Drogenmißbrauch, Selbstmorden etc. in westlichen fortgeschrittenen Industriegesellschaften verlaufen zwar gleichsinnig mit bisher steigender Tendenz; gewisse, vielleicht typische Unterschiede lassen sich aber doch ausmachen. Bei aller Vorsicht in der Interpretation solcher Statistiken, die naturgemäß von hohen Dunkelziffern belastet werden (nehmen wir einmal an, sie wären über die einzelnen Länder prozentual gleich verteilt): am deutlichsten sind solche Fälle sogenannten abweichenden Verhaltens in den Ländern mit den ausgefeiltesten sozialen Versorgungssystemen – beispielsweise in Schweden und in der Bundesrepublik Deutschland – gestiegen.[11] Es könnte nun sein, daß es nicht nur darum geht, soziale Dienste zu empfangen, sondern auch darum, von wem und in welcher Form. Vielleicht sind die in den ‚Versorgungsstaaten' mit der Leistung sozialer Dienste betrauten Einrichtungen viel zu groß, kompliziert und anonym für den Normalverbraucher. Er findet wohl medizinische Hilfe, aber vielleicht keinen Arzt und keine Schwester, die persönliches Interesse für seine Angst vor der Krankheit hat oder die Zeit, ihm Mut zuzusprechen. Er bekommt wohl Arbeitslosenunterstützung, aber vielleicht durch einen Sachbearbeiter, der ihn im stillen für arbeitsscheu und sozial nutzlos hält.[12]

Ein anderes Beispiel: Die Arbeitsteilung hat in vielen Wirtschaftszweigen dazu geführt, daß dem einzelnen Arbeitnehmer nur noch eng begrenzte Aufgaben bei der Herstellung des Produkts zufallen, er das Endprodukt meist nicht zu sehen bekommt und von daher keine Beziehung zu dem Ergebnis seiner Arbeit entwickeln kann. Man spricht in diesem Zusammenhang von Entfremdung. Die Auflösung der Entfremdung muß nun nicht unbedingt darin bestehen, die Arbeitsteilung wieder rückgängig zu machen. Sie kann auch darin bestehen, dem Arbeitnehmer an anderer Stelle wieder direkten Zugang zum Produkt zu verschaffen, etwa durch Beteiligung an Entscheidungen über Produktprogramm und -verwendung. Mit anderen Worten, sie kann darin bestehen, einen vielleicht wünschenswerten wissenschaftlich-technischen Fortschritt durch die Einführung diesem Fortschritt angemessener sozialer Institutionen zu flankieren. Die Forderung nach betrieblicher Mitbestimmung von Arbeitnehmern ist deswegen im Prinzip ein Beitrag zu bedürfnisgerechter gesellschaftlicher Planung.

Und ein letztes Beispiel: Viele Entscheidungen werden mehrheitlich gefällt; Maßnahmen gelten als beschlossen wenn – je nachdem – mehr als die Hälfte oder mehr als zwei Drittel des beschlußfassenden Gremiums ‚dafür' sind. Der Rest muß das Ergebnis dann wohl oder übel hinnehmen. Es gibt aber auch Verfahren der Entscheidungsfindung, bei denen so lange diskutiert und nach Kompromissen gesucht wird, bis jedes Mitglied des Gremiums überzeugt ist, das gemeinsame Ergebnis mittragen zu können. Praktische Erfahrungen zeigen, daß Beschlüsse dieser Art letztlich einfacher und nachhaltiger in die Wirklichkeit umzusetzen sind. Dabei geht es dann offenbar nicht darum, daß ein bestimmtes, von irgendjemandem vorab als wünschbar angesehenes Ergebnis erzielt wurde, sondern darum, daß jeder Beteiligte die gemeinsame Entscheidung mitentwickelt hat. Die Konzertierte Aktion der Bundesregierung war ein Versuch in dieser Richtung.

Nach solchen Überlegungen könnte man herauszufinden versuchen, welcherart Produkte und Serviceleistungen bedürfnisgerecht sind und auf welche man verzichten kann. Generell schärfen sie den Blick dafür, daß es nicht in erster Linie um die Dinge als solche, sondern um ihre soziale Qualität geht.

Ein Beispiel

Wir waren davon ausgegangen, daß Bedürfnisse der Menschen sich aus ihren Lebensumständen ergeben. Für konkrete Vorhaben der Bedürfnisforschung muß dieser Sachverhalt genauer beschrieben werden, etwa folgendermaßen: Menschen entwickeln Bedürfnisse als Anspruch oder Wunsch gegenüber den verschiedenen Lebensbereichen, in denen sich ihr tägliches Dasein abspielt. Gleichzeitig ergeben sich aus den Bedingungen der einzelnen Lebensbereiche Bedürfnisse, die gleichsam kompensatorisch in jeweils anderen Lebensbereichen befriedigt werden müssen. Die beiden hauptsächlichen Sphären, zwischen denen sich solche Wechselwirkungen entfalten, sind der Produktionsbereich, also die Arbeitswelt, und der Reproduktionsbereich – Wohnumgebung, Versorgung und Freizeit. Viele Gesellschaftstheoretiker und Bedürfnisforscher vertreten die Ansicht, daß bedürfnisgerechte Gestaltung des Arbeitslebens vorrangige Bedeutung habe, da dies der zentrale Lebensbereich sei (u. a. auch B. Glaeser in diesem Band). Gegen diese Meinung ist im Prinzip nichts einzuwenden. Nur sollte man darüber nicht vergessen, daß der Reproduktionsbereich auch eine eigenständige Bedeutung haben kann, daß dessen Bedingungen auch auf den Produktionsbereich zurückwirken können und, was von nicht unerheblicher praktischer Bedeutung ist, daß für die Gestaltung des Reproduktionsbereichs kurz- und mittelfristig ein umfassenderes Instrumentarium für staatliche Eingriffe zur Verfügung steht.

Konkrete Vermutungen über die Bedürfnisse bestimmter sozialer Gruppen kann man jedenfalls dann treffen, wenn jeweils eine der beiden Sphären – Produktionsbereich oder Reproduktionsbereich – als unabhängige, die andere als abhängige Größe gesetzt wird. Das ist in groben Umrissen in Schreibtischarbeit möglich, sofern genügend Informationen über die Lebensumstände der betroffenen Menschen im allgemeinen und in dem als unabhängig unterstellten Bereich im besonderen verfügbar sind. Zur Verdeutlichung ein Beispiel:

Hinsichtlich der Lebensumstände älterer Menschen bei uns wird im allgemeinen davon ausgegangen, daß sie vor allem mit den Problemen von Funktionsverlust, Vitalitätseinbuße und ‚Zukunftsschwund' (vgl. Koch-Straube u. a. 1973) konfrontiert sind. Als wichtigster sozialer Angelpunkt in dieser Situation gelten in der Regel die eigenen Kinder und andere gewohnte Bindungen. Sich selbst darüber hinaus sinnvoll zu beschäftigen, haben noch die wenigsten älteren Menschen früh genug gelernt. Eine Reihe von Aktivitäten scheidet außerdem für viele aus finanziellen Gründen aus (nach Schätzungen des Deutschen Instituts für Wirtschaftsforschung, Berlin, betrugen 1977 die häufigsten Rentenzahlungen 935,- DM pro Monat). Daß bei diesen Menschen ein Bedürfnis nach bequem zu nutzenden und zu bewirtschaftenden Wohnungen, mobilen sozialen Diensten, leicht erreichbaren belebten Gegenden und Grünflächen, preisgünstigen Unterhaltungsmöglichkeiten und vor allem vielfältigen sozialen Kontakten bestehen dürfte, liegt nahe. Diese Liste könnte anhand umfassender Kenntnisse über die Situation älterer Mitbürger und durch ausführliche Gespräche mit Angehörigen dieser Gruppe in ihrer Relevanz und Vollständigkeit überprüft werden; und das nicht nur im Hinblick auf deren ‚Reproduktionsbereich': Sehr wahrscheinlich würde sich bei genaueren Untersuchungen herausstellen, daß sich für diese Menschen eine ganze Reihe von Problemen daraus ergeben, daß sie vom Produktionsbereich praktisch ausgeschlossen sind – mit anderen Worten, eine nach ihren Vorstellungen und den üblichen gesellschaftlichen Maßstäben nützliche Tätigkeit nicht mehr ausüben. In diesem Fall, wie vermutlich in vielen anderen, würde der weitreichendste und damit sinnvollste Versuch bedürfnisgerechter Planung dann eben doch im Produktionsbereich ansetzen – mit der Errichtung von Altenwerkstätten, der Hinzuziehung älterer Menschen etwa für die Spielplatzbetreuung und anderen ihnen bei gegebenen konstitutionellen Restriktionen zumutbaren Tätigkeiten. Das allerdings würde zur Folge haben, daß sich ihre Reproduktionsbedürfnisse ändern.

Dieses Beispiel zeigt einmal, daß man bei genauer Kenntnis der Lebensumstände bestimmter sozialer Gruppen begründete konkrete Annahmen über die Bedürfnisse ihrer Mitglieder treffen kann. Es zeigt weiter, daß man solche Angaben nur dann hinreichend präzise machen kann, wenn genaue Kenntnisse über die Lebensumstände solcher Gruppen vorhanden sind.

Vor allem zeigt dies Beispiel aber, daß Bedürfnisforschung eben nicht ausschließlich am Schreibtisch erledigt werden kann. Wichtig ist, die Liste der für ältere Menschen theoretisch angenommenen Bedürfnisse durch ausführliche Gespräche mit Angehörigen dieser Gruppe in ihrer *Relevanz und Vollständigkeit* zu überprüfen. Die Ergebnisse der empirischen Sozialforschung sind zwar zum überwiegenden Teil Belege dafür, daß die Bedürfnisse der Menschen *im allgemeinen* sowohl direkt auf ihre Lebensumstände zurückzuführen sind als auch insofern denen der Menschen mit gleichen Lebensumständen ähnlich sind. Man kann sich jedoch bedeutsame Ausnahmen von dieser Regel vorstellen. Darüber hinaus hat auch der Forscher ein bestimmtes Menschen- und Gesellschaftsbild, dessen Einfluß auf seine Annahmen über anderer Menschen Bedürfnisse er selbst nur schwer einschätzen kann; es muß also in Gesprächen mit den Betroffenen relativiert werden.

Zusammenfassend betrachtet, wird man es in aller Regel mit dreierlei Unzulänglichkeiten bei der Bedürfnisforschung zu tun haben:

- eine geringe Kenntnis der meisten Menschen über das Wesen (nicht die akuten Arten!) ihrer Bedürfnisse und damit über ihre Anfälligkeit gegenüber Manipulationen,
- eine Diskriminierung von Belangen der sozial schwachen Schichten in den herkömmlichen Verfahren der Bedürfnisermittlung (Markt-, Demokratie- und Umfragemodell)
- eine Befangenheit der Bedürfnisforscher in ihrem eigenen Menschen- und Gesellschaftsbild, die theoretische Ableitungen von Bedürfnissen anderer Menschen mit schwer kalkulierbaren Unsicherheitsgraden belastet.

Will man den damit verbundenen Fallstricken bislang herrschender Verfahren der Bedürfnisforschung entgehen, müssen neue Methoden der Bedürfnisermittlung angewandt werden, die die Kenntnis der Bedürfnisforscher über Wesen und Manipulierbarkeit menschlicher Bedürfnisse mit den Wahrnehmungen, Reflexionen und Bewertungen der betroffenen Menschen kombinieren. Solche Modelle laufen auf eine partnerschaftliche Kooperation beider Gruppen hinaus, bei der jeder lernt *und* lehrt – zum Beispiel in Form von ausgedehnten Dialogen auf einer soliden Basis von Hintergrundwissen. Der Forscher kann dabei lernen, indem er seine Bedürfnisannahmen und deren Herleitung zur Diskussion stellt. Er kann Wissen weitergeben, indem er seine Partner anregt, Überlegungen anzustellen über das Zustandekommen ihrer eigenen Bedürfnisse und über die Konsequenzen der Befriedigung der ihnen am dringlichsten erscheinenden Bedürfnisse für verbleibende soziale, das heißt auch: zeitliche und finanzielle Möglichkeiten. Wohlgemerkt, es geht dabei um die Anregung eigener Überlegungen, nicht um das Bekehren zu bestimmten Bedürfnissen – zu diesen müssen und vor allem können die Menschen dann schon selber kommen.

Dieter Birnbacher

Was wir wollen, was wir brauchen und was wir wollen dürfen

Bedürfnisse – so hat der tschechoslowakische Designer und Bedürfnistheoretiker Jan Kotik einmal formuliert – gleichen einer Fata morgana: Aus der Ferne erscheinen sie klar, eindeutig, fest umrissen; sobald wir aber die Hand nach ihnen ausstrecken, entschwinden sie ins Unfaßbare. Keinem Wissenschaftler, der sich je mit dem Thema „menschliche Bedürfnisse" befaßt hat, dürfte diese Erfahrung fremd sein: dem Psychologen nicht, der die Vielzahl und Vielfalt der möglichen konkreten Ausrichtungen menschlicher Bedürfnisse durch die Zurückführung auf einige wenige fundamentale ‚Grundbedürfnisse' in den Griff zu bekommen sucht; dem Soziologen nicht, der das komplexe Wechselspiel zwischen individuellen Bedürfnissen und gesellschaftlichen Bedürfnisbefriedigungsangeboten modellhaft zu rekonstruieren und Prognosen künftiger Entwicklungstrends der Bedürfnisstruktur für die politische Planung bereitzustellen versucht; wie auch dem Philosophen nicht, dem es im Vorfeld der eigentlichen Sachfragen zunächst einmal darum geht, die unterschiedlichen Begriffe von „Bedürfnis", die nicht nur in der aktuellen wissenschaftlichen Debatte um Bedürfnistheorie und Bedürfnisforschung, sondern vor allem auch in der politischen Auseinandersetzung immer wieder vermengt werden, klärend gegeneinander abzugrenzen und kritisch zu analysieren. Keiner von ihnen wird sich Illusionen darüber hingeben, welche Schwierigkeiten es macht, sich verbindlich über menschliche Bedürfnisse zu äußern. Aber der Hinweis auf die Schwierigkeiten darf nicht das letzte Wort bleiben. Und zumindest der Philosoph, der sich von den zahlreichen methodologischen und forschungstechnischen Problemen der empirischen Bedürfnisforschung verschont weiß, wird darauf bestehen, daß sich das scheinbar Unfaßbare zumindest insoweit faßbar machen läßt, als es gelingt, das schillernd-vieldeutige Konstrukt „Bedürfnisse" in seine einzelnen begrifflichen Komponenten zu zerlegen.

Eine solche *Analyse* des Begriffs des Bedürfnisses wird den Ausgangspunkt der folgenden Überlegungen bilden – ein zunächst rein theoretisches Unternehmen, das seinen Sinn und seine Berechtigung jedoch durch eine eminent praktische Frage empfängt, in die sie am Ende einmündet: die nach der Verantwortbarkeit unserer gegenwärtigen Bedürfnisse vor der Zukunft.

1. Eine fundamentale Mehrdeutigkeit

Daß sich hinter dem Begriff ‚Bedürfnis' eine fundamentale Mehrdeutigkeit versteckt, zeigt sich bereits in den zwei ‚klassischen' Bedürfnisdefinitionen, die sich in der Geschichte der Nationalökonomie herausgebildet haben. Die erste geht auf Friedrich von Hermann (1832) zurück und bestimmt ‚Bedürfnis' als ein „Gefühl eines Mangels mit dem Streben, ihn zu beseitigen" (Hermann, 1870, S. 5); die zweite stammt von Carl Menger (1871), dem Vater der Grenznutzenschule, und bestimmt „Bedürfnisse" als „die Erfordernisse der Erhaltung und harmonischen Entwicklung der menschlichen Natur in ihrer Totalität" (Menger, 1923, S. 3). Offensichtlich explizieren diese beiden Definitionen jeweils ganz verschiedene Bedeutungsgehalte. Ich möchte den Unterschied zwischen ihnen formelhaft so zusammenfassen: Der Gegenstand von Bedürfnissen im Sinn von Hermann ist das, *was wir wollen,* der Gegenstand von Bedürfnissen im Sinne Mengers das, *was wir brauchen.*

Die Differenz zwischen diesen beiden Begriffen ist aber nicht nur eine semantische, sie ist auch eine syntaktische. „Brauchen" setzt stets ein bestimmtes Wozu, einen Zweck voraus, auf den es bezogen wird; technisch gesprochen: ‚Brauchen' ist eine dreistellige, keine zweistellige Relation. ‚Wollen' dagegen ist nicht in jedem Falle und nicht notwendig auf einen Zweck bezogen; ‚letzte

Güter' wie Gesundheit, Zufriedenheit, Wohlbefinden werden um ihrer selbst willen gewollt und erstrebt.

Die Differenz zwischen den beiden Begriffen hat aber noch einen weiteren Aspekt: Während der Begriff des Bedürfnisses im ersten Sinne rein deskriptiv verwendet wird, nämlich als Beschreibung dessen, was Menschen – manifest oder latent, bewußt oder unbewußt – wünschen, hat der zweite Begriff von ‚Bedürfnis', zumindest in seinen häufigsten und typischsten Verwendungen, einen eindeutig normativen Gehalt; d. h. er setzt einen bestimmten Zweck, auf den das Bedürfen im Sinne des ‚Brauchens' bezogen wird, als wünschenswert, als ein irgendwie geartetes Gut, als einen Wert voraus – sei es das nackte Überleben, ein Leben ohne Mangel, Angst und physische und psychische Krankheit, ein ‚angemessener' Lebensstandard oder ein ‚gutes Leben' im Sinne der Erhaltung und Entfaltung positiver Lebensmöglichkeiten (etwa im Sinne der Selbstverwirklichung und der Wahrnehmung und aktiven Realisierung von Glückschancen). Zu sagen, daß jemand etwas ‚braucht', setzt insofern in den meisten Fällen voraus, daß man *will,* daß dieser einen bestimmten Zweck erreichen *soll,* wobei dieser Zweck entweder von ihm selbst oder von jemand anderem (einem Erzieher, Politiker, Philosophen) gesetzt ist.

Das Normative dieser Redeweise wird nun aber vor allem deshalb leicht übersehen, weil die Wünschbarkeit mancher Zwecke – wie des Überlebens – auf einen so allgemeinen Konsens hoffen dürfen, daß die normative Prämisse – das Gesolltsein des Überlebens – ohne weiteres ungenannt bleiben darf. Wo das, was gebraucht wird, gewissermaßen durch die Natur der Sache vorgegeben ist, darf die Zweckbestimmung ohne Gefahr, mißverstanden zu werden, fehlen, so daß wir etwa davon sprechen, daß der Mensch so und soviele Kalorien, so viel Flüssigkeit usw. ‚braucht', so wie wir auch von einer Pflanze sagen würden, daß sie so und soviel Wasser, Luft und Sonne ‚braucht'. Was der Mensch in diesem Sinne ‚braucht', ist nichts anderes als der objektiv festliegende und bestimmbare physiologische Grundbedarf. Mißverständlich wird die Rede von ‚Natur', ‚menschlicher Natur' usw. allerdings immer dann, wenn damit eine anspruchsvollere Deutung verbunden wird, so wie es Carl Menger tut, wenn er von den „Erfordernissen der Erhaltung und harmonischen Entwicklung der menschlichen Natur" spricht. In diesem Falle ist der Umfang und die Beschaffenheit menschlicher Bedürfnisse nicht durch eine objektiv vorfindliche, wissenschaftlich erforschbare ‚Natur' vorgegeben, sondern ‚Natur', ‚Natur des Menschen' usw. signalisieren, daß der Formulierung menschlicher Bedürfnisse jeweils ein bestimmtes normatives Menschenbild zugrundegelegt wird, die Vorstellung einer bestimmten Qualität menschlicher Existenz, die als ein Sollen, nicht nur als ein Sein verstanden wird: Der Mensch *soll* menschenwürdig, angemessen versorgt sein, *soll* die Chance zu einem ‚guten', ‚gelungenen', ‚glücklichen' Leben haben – Leitvorstellungen, über deren Inhalt und deren Implikationen letztlich nur politisch – im weitesten Sinne des Wortes – entschieden werden kann, wenn auch mit aller Unterstützung, die Philosophie, Psychologie, Soziologie und Geschichtswissenschaft dazu zu leisten imstande sind. Die „Wissenschaft von den menschlichen Bedürfnissen", die Erhard Eppler 1972 forderte (vgl. Eppler 1974, S. 21 ff.), mit dem Ziel, dem Begriff der ‚Qualität des Lebens' einen operationalen Sinn zu geben – eine Wissenschaft von dem, was Menschen *brauchen* – ist insofern als *reine,* wertfreie, Wissenschaft nicht denkbar. Sie muß letztlich auf einer politischen, nicht selbst wiederum wissenschaftlich begründbaren Glücksdefinition basieren.

Der Begriff des Bedürfnisses – soviel können wir fürs erste festhalten – ist in mehreren verschiedenen Regionen unserer Begriffslandschaft zugleich beheimatet: einerseits in der Region des Wollens und Wünschens, andererseits in der Region des zum Überleben, zum angemessenen, zum guten Leben Nötigen. Es ist unübersehbar, daß Verbindungslinien zwischen diesen Regionen bestehen. In einem gewissen Umfange trifft es zu, daß wir das, was wir in Hinsicht auf das nackte Überleben, das angemessene, das gute Leben *brauchen,* zugleich auch *wollen* – teils durch instinkthafte Steuerungsmechanismen, teils aufgrund von Erziehung und Belehrung, teils aufgrund eigener Lebenserfahrung. Andererseits ist ein integraler Bestandteil eines halbwegs gelungenen Lebens und insofern ein Teil dessen, was wir *brauchen,* daß uns das, was wir *wollen,* in einem bestimmten Maße auch tatsächlich zuteil wird, daß wir zumindest in den zentralen Dimensionen des Glücks – Geborgenheit, Liebe, Freundschaft – nicht unablässig frustiert und enttäuscht werden.

So offensichtlich diese Zusammenhänge zwischen Wollen und Brauchen, so entschieden müssen beide jedoch auch wieder auseinandergehalten und voneinander abgegrenzt werden. Denn erstens liegt es auf der Hand, daß nicht alles, was wir wollen, unseren Zwecken dienlich und zu unserem Besten ist. Man denke hierbei nicht nur an den Luxus und den Luxuskonsum – wobei das, was Luxus ist und an welchem Punkt der Konsumskala die Schwelle zum Luxus überschritten wird, zu verschiedenen Zeiten und in verschiedenen Gesellschaften ganz unterschiedlich definiert worden ist –, sondern besonders auch an das große Feld pathologischer Wünsche, Suchtwünsche z. B., Bedürfnisse, deren Erfüllung dem rationalen langfristigen Eigeninteresse ebenso zuwider ist wie dem Interesse der Gesellschaft als ganzer, denen heute jedoch ein gewaltiges Nachfragepotential sowohl nach Wirtschaftsgütern wie Alkoholika, Zigaretten und anderen Rauschmitteln wie auch nach öffentlichen Gütern in Gestalt von Beratungsstellen, Krankenhäusern und psychiatrischen Einrichtungen entspricht.

Zweitens ist die Tatsache, daß die zwei benachbarten Begriffsinhalte von ‚Bedürfnis' durch dasselbe sprachliche Ausdrucksmittel bezeichnet werden, immer wieder manipulativ mißbraucht worden, vor allem dazu, anderen einzureden, daß das, was sie nicht wollen, aber nach Überzeugung des Überredenden brauchen, eben das sei, was sie *eigentlich* wollen. Das Prinzip einer solchen Überredungsstrategie ist nicht schwer zu durchschauen. Es besteht darin, eine im Namen des Eigeninteresses oder im Namen eines im weitesten Sinne moralischen Prinzips erhobene Forderung dem Adressaten dieser Forderung als eine scheinbar deskriptive Aussage über das, was er will, schmackhaft zu machen, wobei der ‚Jargon der Eigentlichkeit' gute Dienste leistet. Dennoch wird diese Strategie in praxi nicht immer durchschaut, und zwar gerade da nicht, wo es dem Überredenden weniger darum geht, eigennützige Ziele zu verfolgen – wie in der Bedarfsweckung durch die kommerzielle

Werbung –, sondern eher darum, moralischen und politischen Ideen und Idealen, Erziehungsprinzipien und Menschenbildern mit dem Arsenal der politischen und pädagogischen Rhetorik zur Geltung zu verhelfen. Es gehört zu den großen Paradoxien der Philosophiegeschichte, daß das früheste und folgenreichste Programm einer kritischen Selbstbesinnung und Selbsterfahrung des Menschen in der Geschichte des abendländischen Denkens, der sokratische Dialog Platons, zugleich das entlarvendste Dokument einer solchen moralisch-politisch motivierten Überredungsstrategie darstellt, die um so sophistischere Züge annimmt, je entrüsteter sie sich von der Methode der (historischen) Sophisten distanziert. Die Scheinargumente und Fehlschlüsse, mit denen es Sokrates – fernab jeder bloßen „Hebammenkunst" – in vielen der moralphilosophischen Dialoge Platons gelingt, seine ahnungslosen Unterredner glauben zu machen, daß das, was sie *eigentlich* wollen, nicht Glück ist sondern Tugend, oder daß es schlimmer sei, Unrecht zu tun als Unrecht zu leiden (Gorgias 468b ff.), gehören heute zu dem Pflichtpensum, an dem junge Philosophiesemester ihren Scharfsinn trainieren; und ein weiteres Moment des Autoritär-Manipulativen spielt bei Platon insofern hinein, als dieses „eigentlich Gewollte", die Tugend, als etwas ewig Feststehendes und Absolutes, als Gegenstand von Wissen und Einsicht erklärt wird, und derjenige, der über diese Einsicht verfügt, sich dadurch legitimiert glaubt, sie anderen auch unter Einsatz unlauterer Mittel nahezubringen.

Angesichts der Tatsache, daß die geschichtliche Bedeutung eines Arguments in keiner unmittelbaren Beziehung zu seiner logischen Stringenz steht, ist allerdings der Erfolg, den derartige Überredungsstrategien immer wieder hatten, nicht weiter verwunderlich. Das gilt für Rousseaus Prinzip der volonté générale – ein ‚Wille', der mit dem, was alle wollen, der volonté de tous, nicht zusammenzufallen braucht – genauso wie für Herbert Marcuses Abqualifizierung aller unter Bedingungen des Industriesystems geäußerter Bedürfnisse als ‚falsch' oder ‚entfremdet' wie auch für jedes beliebig herausgegriffene Statement von Kulturpolitikern à propos der Notwendigkeit, Opernhäuser und andere elitäre Kultureinrichtungen aus den Steuern derer zu subventionieren, die diesen Einrichtungen allem Anschein nach nur geringes Interesse entgegenbringen.

Nicht nur semantisch und syntaktisch sind die beiden Begriffe von „Bedürfnis“ unterschieden, ihnen entsprechen auch unterschiedliche Anwendungskriterien, unterschiedliche Maßstäbe und Verfahren der Bedürfnisermittlung. Wird das, was jemand braucht, im Sinne seines baren Überlebens verstanden, lassen sich die Bedingungen dieses Überlebens im Sinne der physiologischen Bedingungen der Homeostase des Organismus, etwa als die Aufrechterhaltung eines bestimmten Zuckerspiegels, einer bestimmten Körpertemperatur, ausreichenden Schlafs usw. mit ziemlicher Exaktheit angeben. Schwieriger wird die Antwort auf die Kriterienfrage für anspruchsvollere Interpretationen. Auf die Frage nach dem etwa, was der Mensch zu seinem *Glück* braucht, läßt sich wohl kaum eine zugleich allgemeingültige und bündige Antwort geben – allenfalls ein erster Weg, der zu einer Antwort führen könnte: das Urteil des in Frage stehenden Subjekts selbst, unter welchen Bedingungen er sich als glücklich *erlebt*. Das letzte Wort darüber, ob jemand glücklich ist oder nicht, muß stets bei ihm selber liegen. (Das relativiert die Aussagekraft von objektiven Sozialindikatoren, ohne sie ganz aufzuheben.) Da sich allerdings ein Mensch zumeist erst dann als glücklich erleben kann, wenn er über die Mittel zum Glück bereits verfügt, bzw. sie mit alternativen Mittelwahlen vergleichen kann, kann kein Kriterium gleichzeitig vollkommen adäquat und direkt anwendbar sein. Anwendbar ist es stets nur im nachhinein; und strenggenommen läßt sich vielleicht erst in der Stunde des Todes sagen, welche Entscheidungen unseres Lebens dem eigenen Glück dienlich und welche abträglich waren – eine Perspektive, die wir stets nur unvollkommen antizipieren können, die einzunehmen uns aber dennoch in vielen Lebenssituationen von Nutzen sein kann.

Zusätzlich zu den Experimenten unseres eigenen Lebens und den tradierten Erfahrungen vieler Jahrhunderte darüber, in welcherlei Lebensformen, Erfahrungen und Tätigkeiten Menschen, die uns in wesentlichen Hinsichten wie Temperament, Charakter, Begabung ähnlich gewesen sind, ihr Glück gefunden haben, kann vielleicht auch die Sozialwissenschaft einen Beitrag zur Auffindung von Glücksbedingungen leisten: dadurch, daß sie die Faktoren isoliert, die de facto vorliegen, wenn sich Menschen dauerhaft als glücklich *erleben* und insoweit auch glücklich *sind*. Eine solche empirische „Glücksforschung“ steckt zwar noch in den Kinderschuhen, hat jedoch bereits einige Ergebnisse zutagegefördert. In einer in den USA durchgeführten Feldstudie fand N. M. Bradburn etwa eine eindeutige Korrelation zwischen ‚geäußertem Glück' (avowed happiness) und dem Bildungsgrad, der Neigung zu Geselligkeit und Kommunikation und der allgemeinen gefühlsmäßigen Ansprechbarkeit (affectivity), wobei er allerdings darauf verzichtete, diese Korrelationen im Sinne einer bestimmten Kausalitätsrichtung zu interpretieren. Insbesondere gewann Bradburn eine Vielzahl direkter und indirekter Hinweise darauf, daß Glück und Zufriedenheit weniger von der Höhe des Einkommens direkt abhängen als vielmehr von den Statusfaktoren und den symbolischen Effekten, die mit einer bestimmten Einkommenshöhe verbunden sind (Bradburn 1969, S. 97) – ein Ergebnis, das in den folgenden Überlegungen noch eine Rolle spielen wird.

Insoweit wir überhaupt Daten darüber haben, was Menschen wollen und was in diesem Sinne ihre Bedürfnisse sind, ergeben diese Daten ein überraschend einheitliches und plausibles Bild. Vernachlässigt man diejenigen Bedürfnisäußerungen, die mehr oder weniger unmittelbar eine private oder öffentliche Defizitsituation spiegeln – wie etwa dann, wenn nach einer Welle von Gewaltverbrechen oder terroristischen Anschlägen das Bedürfnis nach öffentlicher Sicherheit eine Priorität erlangt, die es bei einer kurz vorher erfolgten Befragung niemals gehabt hätte –, erweisen sich die auf Befragen jeweils als vordringlich geäußerten Bedürfnisse, Wünsche und Anliegen in einem erstaunlichen Maße als international, interkulturell und intertemporal konstant. Als ‚wesentliche Anliegen' kristallisieren sich immer wieder drei heraus: die eigene Gesundheit, Sicherheit des Einkommens und das Einbezogensein in einen familiären Verband. Vergleicht man diese Bedürfnisse mit der bekannten „Hierarchie der Grundbedürfnisse" von A. H. Maslow, nach der die physiologischen Bedürfnisse Priorität haben vor dem Bedürfnis nach Sicherheit, dieses vor dem Bedürfnis nach Zugehörigkeit, dieses vor dem Bedürfnis nach Anerkennung und dieses wiederum vor dem Bedürfnis nach Selbstverwirklichung, fällt auf, daß die genannten Anliegen in Inhalt und Rangfolge mit Maslows ersten Grundbedürfnissen: physiologische Bedürfnisse, Bedürfnis nach Sicherheit, Bedürfnis nach Zugehörigkeit übereinstimmen. Und dieses Resultat ist keineswegs verwunderlich angesichts des Umstands, daß die ‚central concerns', nach denen etwa H. Cantril in seiner großen internationalen Vergleichsuntersuchung fragte, wie die ‚Grundbedürfnisse' Maslows auf der denkbar höchsten Abstraktionsstufe formuliert sind, daß es sich bei diesen ‚Bedürfnissen' also jeweils um konstruierte Kategorien, hypothetische Konstrukte gewissermaßen handelt, die in der psychischen Realität jeweils konkret ausgeprägt sind, wobei die Art der Ausprägung, die Konkretisierung des ‚Grundbedürfnisses' zu Bedürfnissen und dieser wiederum zu Bedürfnisorientierungen oder ‚Bedarfen', d. h. zu Wünschen nach bestimmten Dingen oder Leistungen, von jeweils spezifischen historischen und gesellschaftlichen Bedingungen abhängen.

2. Drei Arten von ‚Bedürfnisharmonie'

Angesichts der Tatsache, daß das Handeln und Verhalten eines anderen Menschen der einzige Anhaltspunkt ist, aus dem wir seine Bedürfnisse erschließen können, mag es nun naheliegen zu denken, daß die auf diese Weise erschlossenen Bedürfnisse notwendig dieses Handeln und Verhalten leiten müssen und ihren festen Platz in jeder akzeptablen Erklärung seines Handelns und Verhaltens haben. Dennoch aber ist es eine vertraute Beobachtung, daß Bedürfnisse und die das Handeln faktisch leitenden Motivationen weit auseinandergehen können. Es kann z. B. vorkommen, daß ich mich von einem Vertreterbesuch überrumpeln lasse und etwas käuflich erwerbe, wonach ich kein Bedürfnis und keinen Bedarf empfinde. Aber auch im Bereich der nicht-wirtschaftlichen Güter braucht die ‚Nachfrage' mit dem Bedürfnis, bzw. dem Bedarf nicht übereinzustimmen (vgl. dazu den folgenden Beitrag von Klaus M. Meyer-Abich). Jemand kann zum Beispiel den intensiven Wunsch haben, Kontakt anzuknüpfen, und dennoch unfähig sein, in einem bestimmten Fall die Chance eines derartigen Kontakts wahrzunehmen.

Im Vorgriff auf Unterscheidungen, die im folgenden vorgenommen werden sollen, möchte ich hier von dem Vorliegen oder Nicht-Vorliegen einer *Bedürfnisharmonie erster Art* sprechen. Bedürfnisharmonie erster Art ist die Harmonie zwischen Bedürfnis im Sinne des Wollens oder Wünschens und dem Wollen-in-actu, dem Wollen, das einem Tun faktisch zugrunde liegt. Soweit eine derartige Harmonie auf objektiven, gesellschaftlichen Faktoren beruht, setzt sie ein entsprechendes marktmäßiges oder außermarktmäßiges Angebot an Bedürfnisbefriedigungsmitteln, die Information über dieses Angebot sowie die Aufhebung von etwaigen Zugangsbeschränkungen voraus. Soweit sie auf subjektiven Faktoren beruht, setzt sie ‚innere Freiheit' voraus, die Freiheit von inneren Hemmnissen, das zu tun, was man will. Diese innere Freiheit ist überall da gefährdet, wo ein Trieb überstark, ein Komplex unbewältigt, eine Gewohnheit übermächtig wird. Sie ist bei dem Kettenraucher, der den Wunsch hat, weniger rauchen zu wollen, oder dem Nachgiebigen, der weniger nachgiebig sein möchte, ebenso gestört wie bei dem Konsumenten, der nicht deshalb etwas kauft, weil er das gekaufte Gut wünscht, sondern einer Regung von Kauflust (der Lust, sei es was es wolle zu kaufen) nachgibt oder etwa auch Skrupel hat, ohne etwas gekauft zu haben, aus dem Geschäft zu gehen. Verbraucheraufklärung hat neben der Verbesserung der Marktübersicht ihre Aufgabe gerade auch in der Erziehung zu einer bedürfnisrationalen Wahrnehmung des Angebots – was nicht heißt, daß die Bedürfnisse selbst in irgendeinem Sinn ‚rational' sein müßten. Das Postulat der Bedürfnisharmonie erster Art dürfte darüber hinaus den eigentlich rationalen Kern der Kritik an der kommerziellen Werbung darstellen, insofern diese großenteils darauf angelegt ist, zu Spontankäufen zu verleiten, die der Steuerung durch jedwede Willensinstanz entzogen sind. In demselben Postulat dürfte auch die Rechtfertigung der (liberalen Rechtsprinzipien im Grunde widerstreitenden, de facto aber immer zahlreicher werdenden) *Paternalismen* unseres Rechtssystems liegen, sei es im Verbraucherschutz (Rücktrittsrecht bei Vertreterkäufen), im Gesundheitswesen (Schutzimpfungen) oder im Verkehr (Anschnallpflicht).

Tun, was man will, heißt nicht notwendig tun, was zum eigenen Besten ist und was man in diesem Sinne braucht. Das gilt bereits für den subhumanen Bereich. Ratten, deren Nahrung das Vitamin

B_1 entzogen wird, bevorzugen daraufhin ein Futter, das dieses Vitamin enthält; bei Entzug anderer Bedarfskomponenten wie etwa den Vitaminen A, D, G tritt ein derartiger Selbststeuerungsmechanismus jedoch nicht ein.

Beweis für das Fehlen einer entsprechenden instinktiv prästabilierten Harmonie zwischen Bedarf und Bedürfnis beim Menschen ist bereits dessen Fähigkeit, sich gegen das Überleben entscheiden zu können; und sobald wir das Brauchen statt auf das bare Überleben auf substantielle Wohlfahrtsziele beziehen, lassen sich Gegenbeispiele gegen eine entsprechende Harmonieannahme – sie sei *Bedürfnisharmonie zweiter Art* genannt – übergenug finden. Ich nannte bereits den Süchtigen. Jeder Neurotiker stellt ein Gegenbeispiel dar: Man könnte ihn definieren als jemanden, der hinsichtlich elementarer Grundbedürfnisse systematisch frustriert bleibt und die Entsagung durch die forcierte Suche nach Erfüllungen in anderen Bedürfnisdimensionen zu kompensieren sucht, sein Glück dort jedoch auch trotz größter Anstrengungen nicht findet, weil sich die Bedürfnisdimensionen nur begrenzt füreinander substituieren lassen. Die Tatsache, daß der Neurotiker dabei nicht nur zumeist von seiner Umwelt abgelehnt, zumindest mit Distanz betrachtet wird, sondern auch selbst an seiner Situation leidet, sie als Belastung, als Bedrohung, sich selbst als glücklos, verlassen, einsam usw. sieht, ist nicht ein Grund gegen, sondern für die Hypothese, daß Bedürfnisharmonie zweiter Art zumindest *in der Regel* besteht. Dadurch, daß das Auseinanderfallen von Wünschen und Brauchen als Störung, als Krankheit, als defizitär erlebt wird, wird die generelle (nicht die universale) Harmonie von Wünschen und Brauchen genauso bestätigt wie die Gesundheit eines Zahns durch die Tatsache, daß er schmerzempfindlich bleibt und von Zeit zu Zeit tatsächlich wehtut.

Ein weiteres Argument für die Annahme einer generellen Bedürfnisharmonie zweiter Art bietet in gewissem Maße die Gattungsgeschichte des Menschen selbst. Der Homo sapiens hätte wohl kaum überleben können, hätte nicht ein beträchtlicher Teil der Menschen über viele Generationen hinweg im großen und ganzen das *gewollt,* was sie *brauchten* (‚brauchten' im Sinne des bloßen Überlebens verstanden). Ob die Bedürfnisbefriedigung, die damit erfordert war, allerdings so weit ging, um dieses Leben als ein „gelungenes" oder „glückliches" zu bezeichnen, darf mit einigem Recht bezweifelt werden. Immerhin waren selbst in Mitteleuropa bis ins 19. Jahrhundert hinein das Leben großer bis größter Bevölkerungsteile durch bittere Armut, Kampf um das Notwendigste und Schutzlosigkeit gegenüber Krankheiten gekennzeichnet. Ein Lebensstandard auf dem Niveau des gegenwärtigen sozialen Minimums war Privileg einiger weniger vom Glück Begünstigter. Auf der anderen Seite ist nicht zu leugnen, daß das Leben unserer Vorfahren selbst in den dunkelsten Zeiten unserer Geschichte ihre kleinen und großen Höhepunkte gehabt haben wird und daß das bloße Überlebensziel an Bedingungen geknüpft sind, die wenn auch nicht hinreichende, so doch notwendige Bestandteile eines erfüllten Lebens darstellen: Zumindest von unseren Vorfahren wissen wir mit absoluter Sicherheit, daß sie in ihrer Kindheit nicht gänzlich vernachlässigt worden sind und daß sie – wenigstens in ihrer Jugend – von physischem oder psychischem Streß verschont blieben, der sie zeugungs- und gebärunfähig gemacht hätte.

Menschen tun nicht nur, was sie wollen, sondern gelegentlich auch das, was sie *sollen, gegen* einen Impuls, anderes zu tun, das sie lieber wollen. Wenn Ethik nicht nur eine Sache hochsinniger Bekenntnisse und guter Vorsätze, sondern eine Realität ist, muß es Möglichkeiten menschlichen Handels geben, die sich einer ‚Bedürfnistheorie' zunächst zu entziehen scheinen. Unser Tun, so scheint es, ist nicht ausschließlich an *Bedürfnissen,* sondern ebenso an *Werten* orientiert, d. h. an Wünschbarkeiten, die über die Grenzen der eigenen Person hinaus ins Überpersönliche, wenn nicht sogar Überzeitliche hineinreichen.

Aber der Anschein, daß die gängigen Bedürfnistheorien eine eigenständige Orientierung an Werten nicht zuließen, trügt. In Maslows Bedürfnishierarchie hat die ethische Orientierung zweifellos ihren Platz in der höchsten der Bedürfniskategorien, der Kategorie der Selbstverwirklichung – entsprechend der traditionellen Einordnung der moralischen Motivation in die Dimension der Autonomie, der Selbstbestimmung und Selbstverwirklichung der Persönlichkeit. Ein Sollen kann nur dadurch handlungsbestimmend werden, daß es in ein irgendwie geartetes Wollen aufgenommen wird. Auch die Orientierung an dem Glück anderer (der Familienangehörigen, des Standes, der Nation, der Menschheit) entspricht einem genuinen Bedürfnis und ist in der Tat von vielen als unaufhebbarer Bestandteil eines wahrhaft glücklichen Lebens gesehen worden. Die Bedürfnistheorie kann insofern vor allem auch als Korrektiv gegen ein kantisch-rigoristisches Mißverständnis der Moral dienen, indem sie darauf hinweist, daß ethische Motivation (die Motivation, etwas deshalb zu *wollen,* weil man es *soll,* nicht im Sinne eines Befehls, sondern eines allgemeinen Prinzips) gestützt und getragen wird von Grundbedürfnissen, die an sich selbst ohne ethischen Gehalt sind: dem Grundbedürfnis nach Zuneigung und Liebe (absolut gesetzt, wenn auch unter weitgehender Ausschaltung der erotischen Komponente, in der christlichen Liebesethik), dem Bedürfnis nach Sicherheit (insofern ethische Normen die Entscheidungsfindung im praktischen Leben erleichtern, eine verläßliche Handlungsorientierung bieten und unser Selbstverständnis in einer komplexen und schwer überschaubaren Welt stabilisieren) und dem Bedürfnis nach Anerkennung (insofern ethische Normen Gruppenzugehörigkeit konstituieren, ethisch richtiges Verhalten durch Anerkennung, Lob, Statuszuwachs belohnt wird und damit zur Aufrechterhaltung unserer Selbstachtung beiträgt).

Zugleich aber weist die ethische Motivation über den Bereich dessen, was wir *brauchen,* hinaus. Denn es gehört ja zu den Eigentümlichkeiten moralischer Regeln, Gebote und Pflichten, daß sie uns nicht nur zumuten können, das nicht zu tun, was wir *wollen,* sondern auch das nicht zu tun, was wir *brauchen:* Wer z. B. einen Kranken pflegt, will nicht nur die Ruhe, die ihm die Bedürfnisse der Krankenpflege eventuell raubt, sondern braucht diese Ruhe vielleicht auch. Dennoch aber kann es vordringlich sein, dieses Bedürfnis nach Ruhe dem Wohl des Kranken zuliebe zu opfern.

Neben dem Aspekt des ‚Wollens' und ‚Brauchens' hat der Begriff des ‚Bedürfnisses', bzw. des ‚Bedürfens' also noch einen dritten Aspekt, den des *Wollen-Sollens,* bzw. des *Wollen-Dürfens,* wobei sich dieses Wollen-Dürfen danach bestimmt, was *andere* brauchen, die z. B. hier und heute als Bedürfnisträger nicht, bzw. noch nicht in den Blick kommen, etwa in der Gestalt der heute viel beschworenen, aber nicht ernstlich ins Kalkül gezogenen künftigen Generationen, von denen wir ja doch heute schon mit recht hoher Sicherheit sagen können, erstens, daß sie leben werden, zweitens, daß sie in recht hoher Zahl leben werden, und drittens, daß sie nicht weniger, sondern aller Wahrscheinlichkeit nach mehr von den natürlichen Ressourcen, vor allem den energetischen Ressourcen brauchen werden als wir Heutigen, die mit diesen Ressourcen nicht gerade zimperlich umgehen.

Problematisch wird damit eine *Bedürfnisharmonie dritter Art:* die Harmonie zwischen dem, was wir wollen und dem was wir wollen dürfen, wobei dieses Wollen-Dürfen bestimmt ist durch das, was andere brauchen und in Zukunft brauchen werden, wenn sie in der Lage sein sollen, ein Leben zu führen, das wir aus unserer heutigen Perspektive als menschenwürdig bezeichnen können. Bedürfnisharmonie dritter Art fordert also mehr als das bloße Überleben. Daß die Gattung Mensch noch einige Jahrtausende existieren wird, erscheint angesichts der Anpassungsfähigkeit, die es der menschlichen Spezies erlaubt hat, auch unter widrigsten Umweltbedingungen zu überleben, durch alle gegenwärtig absehbaren Umwelt- und Ressourcenprobleme zusammen ebensowenig gefährdet wie durch die Drohung einer atomaren Katastrophe. Immerhin erfordert das Überleben der Gattung kaum mehr als das Überleben einiger weniger Exemplare. Die Beweislast dagegen, die der ‚Bedürfnisoptimist', wie ich den Vertreter dieser dritten und letzten Annahme einer Bedürfnisharmonie der Kürze halber nennen möchte, ist alles andere als leicht: Im Gegensatz zu dem von allen Seiten propagierten technischen und politischen Fortschrittsoptimismus (der ohnehin mehr durch seine gewissensentlastende Funktion als durch seine sachliche Basis besticht) wäre es beinahe ein Wunder, scheint mir, wenn die Entscheidungen, die in der gegenwärtigen internationalen Politik getroffen werden, die Bedingungen für eine solche Harmonie schaffen würden, wo heute bereits trotz beträchtlicher Fortschritte in der landwirtschaftlichen

Produktivität die Zahl derer unaufhaltsam zunimmt, die unter dem Existenzminimum dahinvegetieren und ihren Nachkommen zum Teil irreparable Schädigungen hinterlassen. Wie soll ein ‚gutes Leben' für die Zukünftigen in ihrer Gesamtheit denkbar sein können, wo es die gegenwärtige Menschheit nicht einmal vermag, die elementarsten Bedürfnisse eines großen Teil der gegenwärtig Lebenden zu befriedigen? Die Tatsache, daß die Konsumchancen unter den heute Lebenden global so ungleich verteilt sind, daß die Zahl der Hungernden inzwischen über 450 Millionen liegt, während unter Voraussetzung einer Gleichverteilung nur äußerst geringe Wachstumsraten der Nahrungsmittelproduktion nötig wären, um die wachsende Weltbevölkerung ausreichend zu versorgen, muß hinsichtlich der Aussichten einer Gleichverteilung der Konsumchancen in der Zeit – zwischen Generationen, die sich weder kennen noch miteinander kommunizieren können – erst recht skeptisch stimmen.

Hier ist der Punkt erreicht, an dem wir die begriffliche Analyse verlassen und uns der Emperie zuwenden müssen. Wird die ‚Revolution der steigenden Erwartungen' und die (aus Angst, durch unpopuläre Entscheidungen ihre Legitimation einzubüßen) diesen Erwartungen entsprechende Wachstumspolitik weitergehen? Werden sich Umfang und Struktur der Konsumbedürfnisse und Konsummöglichkeiten rechtzeitig genug den an Bord des ‚Raumschiffs Erde' herrschenden constraints, den begrenzten Rohstoffvorräten, der begrenzten Nahrungsmittelerzeugungskapazität, der begrenzten Belastbarkeit des Naturhaushalts durch Schadstoffe und Artenreduktion anpassen können? Existieren realistische Alternativen zur gegenwärtig vorherrschenden, auf Raubbau angelegten Bedürfnisorientierung, die dem „Bedürfnisoptimisten" auch nur ein Quentchen Hoffnung lassen?

Daß wir nichts Sicheres über die Zukunft sagen können, ist das einzig Sichere, daß wir über die Zukunft sagen können; aber wir können Vermutungen anstellen, die durch vergangene Erfahrungen mehr oder weniger begründet sind. Die Frage nach den Bedürfnissen der Zukunft zu beantworten, heißt deshalb, von der Dynamik der Konsumbedürfnisse in der Vergangenheit auszugehen, ihren allgemeinen Bedingungen und Verlaufsformen sowie ihrer Struktur und Entwicklungstendenz in der Gegenwart.

Was bei einem solchen Blick zurück in die Geschichte als erstes in die Augen springt, ist das Ausmaß der Abhängigkeit der Bedürfnisse von kontingenten gesellschaftlichen Faktoren. Offenkundig ist diese Abhängigkeit zunächst bei dem, was auf jeder Stufe der gesellschaftlichen Entwicklung aufs neue als „Existenzminimum" bzw. als „angemessener Lebensstandard" definiert wird: Die Grenze des Zumutbaren ist mit der wirtschaftlichen Entwicklung stetig angestiegen. Das ‚minimale' oder ‚angemessene' Konsumniveau, wie sie etwa den Behörden der Sozialfürsorge vorgegeben wird, korreliert exakt mit der Wirtschaftskraft der jeweiligen Gesellschaft. Mit erstaunlicher Regelmäßigkeit liegt die staatlich festgelegte ‚Armutsgrenze' heute bei etwa 20% des durchschnittlichen Pro-Kopf-Einkommens der Volkswirtschaft, selbst in extrem armen Ländern wie Ägypten und Indien (vgl. Scitovsky 1977, S. 102).

Weniger selbstverständlich ist, daß auch das, was wir *wollen,* durch und durch sozial bedingt ist. Was wir wollen, ist zum allergrößten Teil *gelernt,* vermittelt durch soziale Lernprozesse der Bedürfnisbildung, -erweiterung, -verfeinerung. Mit Arnold Gehlen zu sprechen, ist die menschliche Bedürftigkeit charakterisiert durch Plastizität, jenseits einer bloß instinktmäßigen Festlegung. Wir sind offen für soziale, pädagogische, kommunikativ-überzeugende und persuasiv-überredende Bestimmungen und Neubestimmungen unserer Bedürfnisse, und nur diese Plastizität macht das Ausmaß der Differenziertheit und Individualisierung der Bedürfnisse verständlich, wie wir es in den heutigen Industriegesellschaften vorfinden. In welchem Maße Bedürfnisse gelernt sind, zeigen sehr anschaulich Statistiken über die geäußerten Bedürfnisse von Eheleuten: Die Bedürfnisprofile von Ehepaaren, die lange zusammengelebt haben, liegen äußerst nahe beieinander (dasselbe gilt für das Einstellungsprofil). Auch wenn man zwar davon ausgehen muß, daß ohne eine gewisse Affinität der Bedürfnisse und Einstellungen die Ehe gar nicht zustandegekommen wäre, läßt sich die große Nähe der Profile doch dadurch allein nicht erklären. ‚Abweichende' Bedürfnisstrukturen, z. B. die auffällige Abwesenheit selbstsüchtiger und individualistischer Motive, wie sie Ruth Benedict bei den Zuñi-Indianern vorgefunden hat, weisen in dieselbe Richtung.

Bedürfnislosigkeit ist insofern zunächst nichts anderes als ein Indiz dafür, daß bestimmte, in unserer Gesellschaft selbstverständliche Bedürfnisse in einem anderen sozialen Rahmen nicht gelernt worden sind, vor allem deshalb nicht gelernt worden sind, weil entsprechende Befriedigungsangebote im Rahmen dieser Gesellschaft fehlten. Was jemand will – daran läßt die moderne Konsumpsychologie, wie sie insbesondere in der Schule von Ann Arbour um George Katona entwickelt wurde, keinen Zweifel – hängt entscheidend davon ab, welche Möglichkeiten der Bedürfnisbefriedigung ihm bewußt sind, in seinen Wahrnehmungshorizont treten. Bedürfnislosigkeit ist, wenn nicht getragen von einem bewußten Willen zur Askese, zumeist ein Zeichen dafür, daß jemand nicht weiß, was ihm die Welt zu bieten hat. Die Bedürfnislosigkeit der am physiologischen Existenzminimum lebenden Massen der vergangenen Jahrhunderte und noch die „verdammte Bedürfnislosigkeit der Arbeiter", von der Lassalle sprach, war die unmittelbare Folge davon, daß der lange Arbeitstag keine Hoffnung auf anderweitige Bedürfnisbefriedigung ließ und diese als illusorisch aus dem Gesichtskreis verdrängt wurden.

Marx hat als einer der ersten gesehen, daß mit wachsender wirtschaftlicher Produktivität einer Gesellschaft auch die Bedürfnisse der Gesellschaftsmitglieder zunehmen. Als Bestandteil und Voraussetzungen menschlicher Selbstentfaltung waren für ihn Bedürfnissteigerung und Bedürfnisdifferenzierung vorrangige politische Zielgrößen, ohne daß er allerdings sah, daß die Steigerung der Bedürfnisse in der Folge der „Entfesselung der Produktivkräfte" nur dann einen positiven Beitrag zum Glück des einzelnen leisten kann, wenn die Produktivität insgesamt schneller wächst als das Anspruchsniveau, eine Voraussetzung, die – ungefähr gleichzeitig mit Marx – Philosophen wie J. St. Mill und Schopenhauer ernstlich in Zweifel gezogen haben. Die Frage, um die es ihnen ging, war dieselbe, die heute im Zentrum der Bedürfnisproblematik stehen muß: die Frage, ob die grandiose Steigerung der Bedürfnisbefriedigungsmöglichkeiten im Bereich des Konsums auch zu einem Zuwachs an Glück geführt hat, oder ob das Anspruchsniveau jeweils schneller gewachsen ist als die Möglichkeiten, dieses Anspruchsniveau zufriedenzustellen, so daß der Nettoeffekt, wenn es hochkommt, exakt Null beträgt. In den vielfältigsten Lebensbereichen – im Beruf, in der Selbsteinschätzung, im Konsum – läßt sich die Erfahrung machen, daß die Ansprüche mit den wahrgenommenen Befriedigungsmöglichkeiten zunehmen. Durch diese Tendenz aber ist der Glücksgehalt, der „Gratifikationswert", der zustandekommt, indem ein Anspruch erfüllt, eine Hoffnung nicht enttäuscht wird, zutiefst gefährdet. Für den Konsumbereich etwa hat Katona gezeigt, daß die Konsumwünsche den Konsummöglichkeiten dem jeweils verfügbaren Einkommen stets um einen bestimmten Betrag voraus sind, so daß vor allem in Gesellschaften mit einer manifesten, für alle transparenten Einkommensdifferenzierung, die Unzufriedenheit mit dem eigenen Einkommen trotz der Vervielfachung der realen Masseneinkommen in den Industrieländern während der letzten Jahrzehnte im wesentlichen gleich geblieben ist und zum Teil als „produktive Unzufriedenheit" dem Wachstumsprozeß in Form steigenden Arbeitsangebots zusätzliche Impulse gegeben hat: „Obwohl der gutsituierte Konsument von heute viel besser lebt als er oder seine Eltern vor zwanzig Jahren, fällt es ihm dennoch keineswegs leicht, mit den ihm zur Verfügung stehenden Mitteln auszukommen. Viele amerikanische Familien mit einem Einkommen von 15000 oder sogar 20000 Dollar pro Jahr geben an, daß es schwierig für sie sei, ihre vielen „Verpflichtungen zu erfüllen". Weit davon entfernt, sich als reich zu betrachten, haben sie nicht genügend Mittel, um für das aufzukommen, was sie vermeintlich „haben müssen"." (Katona u. a. 1971, S. 92f.).

Was besagt die Entwicklungsdynamik der Bedürfnisse in Hinsicht auf unsere Frage nach den Chancen eines Bedürfnisoptimismus im Sinne der Harmonie zwischen Wollen und Wollen-Dürfen? Wir können diese Frage zunächst so präzisieren: Wird die in der Geschichte zu beobachtende Steigerung der Bedürfnisse (entsprechend der Steigerung der Bedürfnisbefriedigungsmöglichkeiten) dazu führen, daß wir, die Bevölkerung der fortgeschrittenen Industrieländer, indem wir der Befriedigung unserer eskalierenden

Konsumbedürfnisse nachjagen, die Ressourcen der Erde in einem Maße erschöpfen, das ökologische Gleichgewicht in einem Maße stören, das Gesicht dieses Planeten in einem Maße verunstalten, daß die Lebensgrundlagen, d. h. die elementaren Bedingungen der Bedürfnisbefriedigung unserer Nachkommen in unvertretbarer Weise beeinträchtigt werden? Und an diese Frage muß sich unmittelbar die weitere Frage anschließen: Ist dieser Prozeß nicht doppelt unvertretbar insofern, als das Wirtschaftswachstum in den fortgeschrittenen Industrieländern auf dem gegenwärtigen Niveau stets nur dazu dienen kann, ein von ihm selbst produziertes, ständig weiter steigendes Anspruchsniveau zu befriedigen, ohne den „Gratifikationszerfall" der Befriedigungen, die es anbietet, aufhalten zu können? Ist das Bild, das sich uns ergibt, nicht das eines wahnwitzigen Kreislaufs, in dem nur deshalb immer mehr produziert, immer mehr Ressourcen, immer mehr Energie verbraucht werden müssen, weil nur auf diese Weise der Wunsch nach dem Noch Mehr in den geregelten Bahnen alljährlicher Lohnrunden gehalten und damit politisch entschärft werden kann?

3. Sättigung oder unbegrenztes Bedürfniswachstum?

Dem Optimisten braucht diese düstere Perspektive nicht sogleich den Atem zu verschlagen. Er kann nämlich darauf hinweisen, daß es zwar in der Tat zur condition humaine, zur menschlichen Grundsituation gehören mag, daß wir stets mehr wollen, als wir haben, und daß wir in diesem Sinne niemals an einem endgültigen Sättigungspunkt unserer Bedürfnisse angelangt sein werden, daß dies aber nicht notwendig zu einer Überschreitung der Grenzen des Wollen-Dürfens führen muß, daß wir uns vielmehr die Befriedigung gesteigerter Bedürfnisse und die gesteigerte Befriedigung von Bedürfnissen auch so vorstellen können, daß die langfristigen Umwelt- und Ressourcenprobleme durch sie nicht nur nicht verschärft, sondern vielleicht sogar gemildert werden. Schließlich haben diejenigen Theoretiker, die wie J. St. Mill ihre Hoffnung gerade in ein Stagnieren der Wirtschaftstätigkeit gesetzt haben, nicht gemeint, daß die Dynamik der Bedürfnisse mit dem Erreichen dieses Stagnationspunkts – der im Falle Mills seit nunmehr 50 Jahren überschritten ist – aufhören sollte; was sie gemeint haben, ist, daß dieses Wachstum unabhängig von den Ressourcen der Natur, unabhängig von der industriellen Produktion und unabhängig von materiellen Gütern vonstatten gehen sollte. Der Bedürfnisoptimist wird also darauf hinweisen, daß sich viele der Grundbedürfnisse, die wir gegenwärtig, im Zuge der ‚Konsumkultur', mittels des Ver- und Gebrauchs produzierter Waren befriedigen, auch immateriell, durch Dienstleistungen, Kommunikation, persönliche Beziehungen, Ästhetik befriedigen lassen und daß nichts in der Natur der menschlichen Grundbedürfnisse selbst – unabhängig von den historisch-gesellschaftlichen Bedingungen ihrer spezifischen Ausprägung – eine derartige Substitution zugunsten der Erhaltung der Lebensgrundlagen künftiger Generationen ausschließt. Er wird allerdings bereitwillig zugeben, daß eine „ökologische Askese" dieser Art nur unter bestimmten geeigneten gesellschaftlichen, politischen, kulturellen, geistigen Bedingungen stattfinden kann und daß sie, wenn sie mehr als ein kurzlebiges Modephänomen sein soll, nur kollektiv erfolgen kann. Darauf wird gleich noch einzugehen sein. Zuvor jedoch noch einige Bemerkungen zur gesellschaftlichen Feinstruktur, aus der das Wachstum der Bedürfnisse resultiert.

Das empirisch am besten bewährte theoretische Konzept zur Erklärung des Wachstums der Bedürfnisse ist das der „relativen Deprivation". Es besagt, daß sich Bedürfnisse, Ansprüche und das subjektiv empfundene Anrecht auf gesellschaftliche Belohnungen an einer Bezugsgruppe orientieren, die sozio-ökonomisch jeweils über der Gruppe liegt, der man selbst angehört. Das heißt: Der Standard dafür, was man will, ist, was andere, mit denen man sich gerade noch vergleichen kann, bereits haben. Vielen ist es lieber, wenn alle sozio-ökonomischen Gruppen auf dem bisherigen Einkommensniveau bleiben, als daß alle etwas mehr, aber unterschiedlich mehr bekommen, so, daß sich die Differenz zwischen der eigenen Gruppe und der nächst höheren erhöht statt verringert. Burkhard Strümpel (1974) hat diesen unmittelbaren Effekt der ‚relativen Benachteiligung' treffend als ‚economic stress' bezeichnet: Streß ergibt sich daraus, daß sich andere Gruppen in ihrem Einkommensniveau verbessern und die Unzufriedenheit mit dem eigenen Niveau daraufhin zunimmt. Wenn nun aber die Voraussetzung gilt, daß jeder das zu haben versucht, was andere bereits haben, und wenn gilt, daß sich die Bedürfnisse nach Einkommen und Konsum des einen am Einkommen und Konsum des anderen orientieren, d. h. die Bezugsgruppe nach dem Kriterium des Einkommens selegiert wird, scheint eine Sättigungsentwicklung von Konsumbedürfnissen so gut wie ausgeschlossen. Denn solange die technologische und technische Entwicklung nicht etwa durch einen bewußten Willensakt der Gesellschaft auf einem bestimmten Stand festgeschrieben wird (was sehr unwahrscheinlich und wenig sinnvoll ist), wird es immer wieder Chancen einer Verbesserung von Bedürfnisbefriedigungsmöglichkeiten geben, so, daß die Spirale von Bedürfnissen und Bedürfniserfüllungen prinzipiell endlos ist und ihre Schranke allenfalls in der Begrenztheit der natürlichen Grundlagen der Bedürfnisbefriedigungsmöglichkeiten findet.

Welche Richtung wird die Bedürfnisentwicklung nehmen? Wir dürfen hier keine strengen Voraussagen erwarten. Aber wenn wir die Entwicklungslinien, die den bisherigen Verlauf der Bedürfnisentwicklung bestimmten, in die Zukunft verlängern, müssen wir davon ausgehen, daß der Anteil der Dienstleistungen am gesamten Wirtschaftsaufkommen weiter steigen wird, daß die Differenzierung des Bedarfs weiter zunehmen wird und daß weiterhin inferiore durch höherwertige Güter ersetzt werden. Während in den fortgeschrittenen Industriegesellschaften die Bedürfnisse nach Gütern, insbesondere langlebigen Gebrauchsgütern, in der Unterschicht weiterhin vorrangig sind, rücken bereits heute in der Mittelschicht die Bedürfnisse nach beruflicher Sicherheit, Gesundheitsversorgung, Freizeitangeboten und Bildung (die zunehmend als Eigenwert empfunden wird) in den Vordergrund. Dabei ist im Zusammenhang mit unserer Frage nach dem Wollen-Dürfen angesichts unserer Verantwortung für künftige Generationen der Umstand wichtig, daß Dienstleistungen im allgemeinen bedeutend weniger energie- und ressourcenintensiv sind als Güter des sekundären Sektors und daß z. B. in den an weitesten fortgeschrittenen Industrieländern der Energieverbrauch pro Einheit Sozialprodukt langsam aber stetig abnimmt. Die Beheizung von Versicherungsbüros verlangt eben sehr viel weniger Energie als eine Grundstoffindustrie, die dieselbe Wertschöpfung erbringt. Der Bedürfnisoptimist kann hieraus Kapital schlagen: Er kann davon träumen, daß Dienstleistungen irgendwann einmal einen so vorrangigen Platz im Leistungsangebot der Wirtschaft einnehmen, daß das wertmäßige Wachstum der wirtschaftlichen Leistungen vom Wachstum des Verbrauchs natürlicher, insbesondere erschöpfbarer, Ressourcen abgekoppelt ist und daß die Parole vom Nullwachstum ihren Witz und ihre Berechtigung für die Industrieländer verloren hat.

Dieser optimistische Traum hat natürlich seine Schönheitsfehler. Wir wissen, daß die Produktivität auf dem Dienstleistungssektor geringer, um vieles geringer ist als auf dem sekundären Sektor, daß Dienstleistungen also auf unabsehbare Zeit hinaus vergleichsweise teuer sein werden. Man hat ausgerechnet, daß ein Haarschnitt seit hundert Jahren, ausgedrückt in Einheiten des sekundären Sektors, gleich teuer geblieben ist. Es wird also weiterhin ein Anreiz bestehen, Dienstleistungen durch Güter des sekundären Sektors zu ersetzen, eine Tendenz, die sich schon seit geraumer Zeit in allen Arten von Automaten (Maschinen, die als Güter des Fertigungssektors menschliche Dienstleistungen substituieren) ankündigt. Diese Tendenz läßt das Bild des Optimisten erheblich verschwimmen. Persönliche Dienstleistungen sind heute schon knapp, und solange es nicht etwa zu einer Kastengesellschaft kommt, die die Segnungen des Wohlstands einem Teil der Bevölkerung systematisch vorenthält, wird dies auch weiterhin so bleiben.

Ein anderer Zugang zur Prognose von Bedürfnisentwicklungen ergibt sich aus der Überlegung, daß für viele der technologischen Innovationen, die für die Zukunft zu erwarten sind, ein entsprechendes Bedürfnis bestehen wird. Heute ist absehbar, daß etwa auf dem Gebiet der medizinischen Technologie die Entwicklung in der bisher eingeschlagenen Richtung noch ein gutes Stück weitergehen wird, daß die Möglichkeiten der Organtransplantation z. B. erheblich ausgedehnt werden und daß angesichts der großen Priorität der Gesundheitsbedürfnisse (die sich die Gesellschaft bereits heute einiges kosten läßt) sich sicher auch eine Nachfrage nach diesen Techniken einstellen wird. Sieht man sich die von der Zukunftsforschung bereits auf die nächsten Jahrzehnte datierten technischen Durchbrüche an: die Geschlechtswahl der Nachkommen etwa, das genetic engineering von Erbkrankheiten oder auch die ‚Intelligenzpille', die Gordon und Ament bereits für das Jahr 2025 prophezeien, so wäre bei jeder einzelnen dieser Neuerungen zu fragen, ob sie nicht schon deshalb einen entsprechenden Bedarf hervorrufen werden – gewissermaßen nach einem Sayschen Gesetz der Nachfrage –, weil sie in Bedürfnisbereiche einschlagen, die bereits heute nicht vollständig zu decken sind und bei denen eine endgültige Sättigung ohnehin nicht leicht denkbar scheint.

4. Macht Wohlstand glücklich?

Sehen wir einmal ab von denjenigen technischen und wirtschaftlichen Fortschritten, die es großen Teilen der Weltbevölkerung ermöglicht haben, nicht mehr um ihr tägliches Brot bangen zu müssen, weist alles, was wir wissen, in die Richtung, daß der technische und wirtschaftliche Fortschritt die subjektive Zufriedenheit aufs Ganze gesehen nicht wesentlich erhöht hat, sondern diese auf ungefähr demselben Niveau konstant geblieben ist. Alle bisher durchgeführten empirischen Untersuchungen, deren Ergebnisse in irgendeiner Weise für die Frage ‚Macht Wirtschaftswachstum glücklicher?' relevant sind, weisen, wie R. A. Easterlin (1975) gezeigt hat, eine einheitliche Grundtendenz auf, die sich durch alle Nationen und alle Personengruppen hindurch durchhält: Als ‚glücklicher' bezeichnen sich jeweils diejenigen, die sich in der sozio-ökonomischen Hierarchie auf einem jeweils höheren Niveau befinden, wobei die jeweils spezifische nationale Hierarchie den Bezugspunkt abgibt. Jemand, der sich etwa in Indien in der Mitte der sozio-ökonomischen Hierarchie befindet, schätzt sich hinsichtlich seines subjektiven Glücks ebenso ein wie jemand, der in den USA in der Mitte der sozio-ökonomischen Stufenleiter steht, auch wenn dieser ein Vielfaches des Einkommens des Inders bezieht. Trotz der erheblichen internationalen Differenzen des ökonomischen Niveaus scheint also das ‚Glücksniveau' wesentlich von den innernationalen Differenzen abzuhängen. Wie zufrieden man ist, bestimmt sich danach, wie man seine relative Position innerhalb der nationalen Verteilung der Bedürfnisbefriedigungschancen sieht, nicht von objektiven Faktoren wie der absoluten Höhe des Einkommens, der objektiven Verfügbarkeit von Infrastruktureinrichtungen usw. Easterlin deutet diese Ergebnisse, wie es naheliegt, im Sinne des Konzepts der ‚relative deprivation'. Da sich jeder mit jedem anderen Angehörigen seiner Nation vergleicht, schätzt er seine eigene Lage nach Maßgabe der in seiner Nation bestehenden Verteilung von Lebenschancen und orientiert seine Selbstzufriedenheit, seine Selbstachtung, sein Selbstbewußtsein daran. Mit einer globalen Verbesserung der (ökonomischen) Lage der Nation braucht die Selbsteinschätzung (die Einschätzung der eigenen ökonomischen Lage) also nicht unbedingt zu steigen. In Taiwan z. B., wo sich das Pro-Kopf-Einkommen zwischen 1968 und 1973 in etwa allen Schichten um 40% erhöht hat, sagten nur 20% der im Jahre 1973 Befragten, daß sich ihre finanzielle Situation gebessert habe. Die relative Position in der Einkommenshierarchie hatte sich für die meisten nur unwesentlich geändert. Außerdem waren die Bedürfnisse den gewachsenen Befriedigungschancen ‚nachgewachsen' und hatten den durch die Einkommensverbesserungen ermöglichten Spielraum erneut eingeengt.

Karl Otto Hondrich (1975b) hat diese und ähnlich lautende Ergebnisse empirischer Untersuchungen zum Anlaß genommen, Aussagen über subjektive Sozialindikatoren wie subjektives Glück und Zufriedenheit für einen denkbar ungeeigneten Maßstab für den Erfolg oder Mißerfolg wirtschafts- oder gesellschaftspolitischer Strategien zu erklären. Da sich Zufriedenheit und Glück offenbar nicht in Abhängigkeit von objektiven Indikatoren der Lebensqualität entwickeln – die allein Gegenstand politischer Entscheidungen, Programme und Maßnahmen sein können –, sollen

Zufriedenheit und Glück auch kein Maßstab für den Erfolg dieser Programme und Maßnahmen sein. Hondrichs Logik ist hier zunächst tadellos. Aber die entscheidende Frage bleibt: Warum wir überhaupt Sozialpolitik betreiben sollen, wenn es die subjektive Zufriedenheit letztlich nicht tangiert, wie hoch die Sozialleistungen sind, auf die man ein Anrecht hat, allenfalls, wie hoch diese Leistungen im Verhältnis zu denen sind, die andere genießen (die bei einer allgemeinen Anhebung der Leistungen jedoch ebenso steigen wie die eigenen)? Entweder man vertritt die These, daß das, was wir *brauchen,* objektiv definiert werden muß – durch objektive Indikatoren wie die Verfügbarkeit von bestimmten privaten und öffentlich angebotenen Gütern und Dienstleistungen –, dann ist das, was wir brauchen, von Begriffen wie Glück und Zufriedenheit zunächst ganz unabhängig; oder aber wir sagen, daß das, wir *letztlich* brauchen, eben das ist, daß wir uns wohl in unserer Haut fühlen, daß wir uns selbst achten können, daß wir mit unserem Leben zufrieden sind. In diesem Falle müssen wir der Konsequenz ins Auge sehen, daß diese Selbstzufriedenheit wesentlich relativ bestimmt ist, durch die Bezugsgruppenwahl und den Vergleich der eigenen Lage mit der (vermeintlichen) Lage der Bezugsgruppe. Deutet man die Ergebnisse der von Easterlin zitierten Untersuchungen konsequent, muß man sagen: Glücklich ist jeweils derjenige, der sich in Bezug auf vergleichbare andere bessergestellt weiß, sich besser weggekommen sieht. D. h.: Was wir – als eine wesentliche Komponente unseres Glücks – brauchen, ist, daß jeder von sich sagen kann, daß er in bestimmter Hinsicht besser weggekommen ist als andere. Und dieser Aspekt hat sowohl ein tragische, Schopenhauerisch-pessimistische, als auch eine positive, hoffnungsvolle Seite. Tragisch ist, daß wir in zahlreichen Aspekten dem Vergleich mit anderen nicht standhalten können, daß anderen Bedürfnisbefriedigungsmöglichkeiten gegeben sind, die uns aus natürlichen, familiären, sozialen Gründen prinzipiell oder zufällig nicht zugänglich sind – eine Versagung und ein Verzicht, über den sich viele nur für Augenblicke gänzlich hinwegsetzen vermögen. Positiv und hoffnungsvoll ist, daß die Identität der Bezugsgruppe und die Dimension, die die Vergleichsbasis darstellt, nicht ein für allemal feststeht, sondern Spielräume läßt für alternative Bezugsgruppenwahlen und alternative Dimensionen der Selbstbewertung. Die Tragik der in den empirischen Untersuchungen zutagetretenden Relativität der Zufriedenheit mit den eigenen Lebenschancen besteht ja nicht in der Tatsache dieser Relativität als solcher, sondern darin, daß die wirtschaftlichen Erfolgsmaßstäbe in den meisten modernen Gesellschaften so dominant geworden sind, daß sie die Bezugsgruppenwahl monopolisiert haben. Der ökonomische Status ist beherrschende Denkkategorie geworden und prägt die relative soziale Wahrnehmung in einem Maße, daß er zum Erfolgsmaßstab schlechthin, zur Einheitswährung sozialer Geltung geworden ist. Dieses Bewertungsmonopol muß sich notgedrungen mit wachsender Durchlässigkeit des Bildungssystems, mit dem Ausbau der Chancengleichheit, mit der Perfektionierung des Leistungsprinzips, allgemein: mit der vollständigen Ablösung des ‚zugeschriebenen Status' durch den ‚erworbenen Status', der Ablösung ererbter Rechte durch aufgrund von Leistungen erworbene Rechte noch verschärfen. Damit aber ist die Bezugsgruppenwahl noch stärker auf die gesellschaftliche Einheitswährung der Belohnung durch Einkommen festgelegt, mit der Konsequenz, daß das Streben nach ‚Vorwärtskommen' weiterhin ökonomisch definiert wird und sich die Wachstumsspirale weiter in die Zukunft hineinfrißt.

Eine alternative gesellschaftspolitische Perspektive wäre eine Strategie der *Auflockerung* der Bezugsgruppenwahl, eine Ablösung des alleinigen Erfolgskriteriums Einkommen durch alternative Erfolgskriterien, wie sie bereits heute in elitären Gruppen, z. B. unter Hochschulangehörigen verbreitet sind, wo der Dienstgrad hinsichtlich des Status innerhalb der Gruppe der Wissenschaftler keinen allgemeingültigen Maßstab für wissenschaftliche Qualifikation abgibt. Solange die Konsumorientiertheit unserer Gesellschaft weiterbesteht, auch in der politischen Planung im Vordergrund steht, ist nicht zu erwarten, daß anderweitige Bezugssysteme – persönliche Qualifikation, soziales Engagement, moralische Integrität, Bildungsinteresse – für das einzelne Subjekt eine Bedeutung erlangen, die seine Selbsteinschätzung, die Bewertung seiner Lebensmöglichkeiten und seine allgemeine Zufriedenheit entscheidend prägen. Leistungen tragen ja nicht an sich selbst zur Zufriedenheit bei, sondern nur auf dem Hintergrund bestimmter Leistungserwartungen und Leistungsbewertungen. Solange die Leistungsdefinition einseitig auf die in der Gegenwart gesellschaftlich belohnten Leistungen (Intelligenz, Effizienz, Arbeitseinsatz) festgelegt ist, ist nicht zu erwarten, daß die Subjekte eine dazu alternative Leistungsbewertung vornehmen und Intelligenz, Effizienz usw. weniger hoch bewerten als die Gesellschaft insgesamt. Das heißt aber, daß diejenigen, die weniger intelligent, weniger effizient, weniger fleißig sind, eine bedeutend geringere Chance haben, jenes Selbstbewußtsein und jene Lebenszufriedenheit, jene Ich-Stärke zu entwickeln, die der Mensch zum Leben braucht. Es heißt, daß alle Anstrengungen der Ausweitung der Befriedigungserfüllungsmöglichkeiten vergeblich sind, solange die Qualitäten, denen diese Ausweitung im wesentlichen zugeschrieben wird (eben Intelligenz, Effizienz usw.) absolut gesetzt, monopolisiert werden. Solange sich die Bezugsgruppenwahl nicht differenziert, entmonopolisiert, dreht sich die Entwicklung im Kreise, auf Kosten der Zukunft, in der Monotonie eines ewig unzufriedenen Wohlstands.

Der Ansatzpunkt zu einer alternativen Belohnungsstruktur wäre die Entkopplung von wirtschaftlichen und nicht-wirtschaftlichen sozialen Belohnungen. Die Strukturgesetze der gegenwärtigen Industriegesellschaften bedingen, daß derjenige, der die besseren Bildungschancen hat, auch die besseren Einkommenschancen hat und das Angebot der bildungsmäßigen Privilegierung als ein selbstverständliches Recht in Anspruch nimmt. Die Statushierarchie ist eng an die ökonomische Hierarchie gekoppelt: Professoren und Ärzte liegen nicht nur dem Status nach ganz vorn. Die Folge davon ist, daß die Einheitswährung Einkommen die Einschätzung individueller Leistungen in ähnlicher Weise dominiert und usurpiert wie die Einheitswährung Bruttosozialprodukt die Einschätzung der Leistung ganzer Gesellschaften: eindimensional, handhabbar, verrechenbar. Denkbar wäre eine mehrdimensionale Belohnungsskala: daß derjenige, der die besseren Bildungschancen genießt, diese bereits als Privileg empfindet und nicht selbstverständlich auch ein höheres Einkommen erwartet, insbesondere da er ohnehin mit einem höheren Status rechnen kann als andere, denen nicht dieselben Bildungsmöglichkeiten zuteil wurden. Warum sollte nicht z. B. auch der bewußte Verzicht auf Einkommenserhöhungen gesellschaftlich belohnt werden können – z. B. der Verzicht ganzer Berufsgruppen auf Einkommenszuwächse, die sie nach herkömmlichen Kriterien ‚verdient' haben? Warum tut sich die Entwicklungshilfe selbst in den reichsten und verschwenderischsten Industrieländern so schwer? Warum werden immaterielle Belohnungen wie Statuszuwächse nicht selbstverständlich ins politische Kalkül einbezogen?

Wenn der Bedürfnisoptimist recht behalten soll – wenn die Harmonie zwischen dem, was wir wollen und dem, was wir wollen dürfen, nicht ernstlich in Frage gestellt werden soll – dann, so scheint es, ist der Kreislauf von sich steigernden Bedürfnissen und sich steigernden Bedürfnisbefriedigungsangeboten nur durch eine Diversifizierung der sozialen Belohnungssysteme zu durchbrechen. In Teilbereichen der Gesellschaft kündigt sich eine Umorientierung in dieser Richtung bereits an.

Klaus Michael Meyer-Abich

Kritik und Bildung der Bedürfnisse

Aussichten auf Veränderungen der Nachfrage- und Bedarfsstruktur

> Leiste Deinen Zeitgenossen, aber was sie bedürfen, nicht was sie loben.
>
> *Schiller*[13]

1. Bedürfnis, Bedarf und Nachfrage

Wenn man sich in ein Restaurant begibt, so geschieht dies in der Regel, weil man etwas essen oder trinken möchte. Dieses Bedürfnis ist normalerweise nicht schon so konkret, daß man es bereits auf ein ganz bestimmtes – nach seiner Substanz, den Zutaten und der Zubereitung wohldefiniertes – Gericht und ein gleichermaßen eindeutiges Getränk abgesehen hätte. Zwar kommt es vor, daß jemand ein Lokal betritt, um z. B. eine so und so gefüllte Seezunge zu essen und dazu den und den Wein zu trinken; wäre dies aber der Regelfall, so gäbe es im allgemeinen keine Speisekarten, sondern wir würden in Lokalen einfach unsere Wünsche äußern und uns die entsprechende Kalkulation vorlegen lassen. Bereits die Existenz sowie der jedermann bekannte Gebrauch von Speisekarten deuten also darauf hin, daß zwischen der Entscheidung, etwas essen oder trinken zu wollen, und der Aufgabe einer bestimmten Bestellung ein Prozeß der Konkretisierung stattfindet, in dem sich das ursprüngliche Bedürfnis gewissermaßen verdichtet. Das Ergebnis dieses Prozesses – die Art und Weise, wie das Bedürfnis (als Bestellung) geltend gemacht wird – möchte ich terminologisch als *Nach-*

frage von dem ihr zugrundeliegenden und in dieser Form geltend gemachten Bedürfnis unterscheiden.

Die Unterscheidung zwischen Nachfrage und Bedürfnis ist nicht nur eine begriffliche Spielerei, sondern für unsere Lebensumstände von allergrößter Bedeutung. Der Besucher eines Lokals z. B. kann nicht ‚irgendetwas' zu essen oder zu trinken bestellen – sozusagen Nahrung schlechthin –, sondern wird nur dann überhaupt etwas zu essen oder zu trinken bekommen, wenn er sich zunächst zwischen Fisch, Fleisch und Geflügel entscheidet und dann auch noch die Wahl für ein ganz bestimmtes Gericht getroffen hat, so daß er sein Bedürfnis als Nachfrage geltend machen kann. Dasselbe gilt für den gesamten Wirtschaftsprozeß. Was auch immer wir eigentlich wollen – die Erfüllung dieser oder jener Funktion, etwas Hübsches zum Anziehen, einen schönen Urlaub, jemand eine Freude machen –, läuft durchweg darauf hinaus, sich auch dinglich irgendwie festzulegen bzw. das Bedürfnis als Nachfrage geltend zu machen.

Allerdings ist der Begriff ‚Nachfrage' zur Bezeichnung der Form, in der ein Bedürfnis geltend gemacht wird, insofern nicht allgemein genug, als mit einer Nachfrage immer auch im ökonomischen Sinn das Vermögen und die Bereitschaft gemeint sind, für etwas Geld auszugeben. Demgegenüber läuft der Prozeß der Konkretion eines Bedürfnisses nicht notwendig in allen Fällen und in vielen Fällen auch nur beiläufig oder verzögert darauf hinaus, daß eine Nachfrage im ökonomischen Sinn entsteht. Das Bedürfnis z. B., jemand eine Freude zu machen, braucht in vielen Fällen überhaupt nicht in der Form einer Nachfrage im ökonomischen Sinn geltend gemacht zu werden. In anderen Fällen kommt es zwar zu einer Nachfrage, jedoch nur nebenbei und relativ unwesentlich (z. B. zu einer Nachfrage nach diesen oder jenen Materialien, um daraus selber etwas zu machen). Oft genug liegt es schließlich auch über lange Zeit hin fest, wie ein bestehendes Bedürfnis dermaleinst als Nachfrage geltend gemacht werden soll, ohne daß es jedoch bereits zu dieser Nachfrage kommt, weil nämlich die – z. B. für ein Eigenheim – notwendigen Mittel noch nicht verfügbar sind und zuvor erspart werden müssen.

Um zutreffend beschreiben zu können, wie Bedürfnisse geltend gemacht werden, bedarf es also noch einer dritten Bestimmung zwischen den Polen Bedürfnis und Nachfrage. Denkt man dabei zunächst an diejenigen Fälle, in denen ein Bedürfnis bereits soweit konkretisiert ist, daß ein bestimmter Nachfragetyp absehbar ist, eine individualisierte Nachfrage jedoch noch nicht erfolgt, so erscheint es am nächstliegenden, hier von einem vorliegenden *Bedarf* zu sprechen. Man wird dann z. B. sagen, bestimmte Bedürfnisse (nach einem bestimmten Typ von Familienleben, nach Sicherheit, nach Unabhängigkeit u. a.) verdichteten sich zu einem Bedarf nach einem Eigenheim, und dieser Bedarf werde zu gegebener Zeit als Nachfrage nach dem Grundstück Nr. xyz der Gemeinde so und so geltend gemacht. Der Bedarfsbegriff ist jedoch nicht daraufhin festgelegt, daß daraus unbedingt eine Nachfrage im ökonomischen Sinn werden muß. Das Bedürfnis nach körperlicher Frische z. B. konkretisiert sich in der Regel u. a. zu einem Bedarf an frischer Luft, der aber nicht als Nachfrage im ökonomischen Sinn geltend gemacht wird oder nur beiläufig mit einer Nachfrage verbunden ist (z. B. nach Transportleistungen in Erholungsgebiete).

Was hier ‚Bedarf' genannt wird, heißt in der neueren Bedürfnisforschung häufig ‚Bedürfnisorientierung' (vgl. den Beitrag von Hondrich in diesem Buch). Ich schließe mich dieser Sprechweise nicht an, weil unter Orientierungen normalerweise allgemeine Einstellungen verstanden werden, die gerade noch nicht weiter konkretisiert sind. Statt dessen den Bedarf (und die Nachfrage) als Konkretion von allgemeineren Bedürfnissen zu verstehen, hat zwar den Nachteil, daß die beiden Worte „Bedarf" und „Bedürfnis" ähnlich klingen, läuft dem Sprachgefühl aber nicht zuwider und knüpft auch an ältere Redeweisen an.

Die begriffliche Unterscheidung unserer Bedürfnisse von der Art und Weise, wie sie als Bedarf bzw. als Nachfrage geltend gemacht werden, ist für die richtige Einschätzung und somit für die Lösungsmöglichkeiten bestimmter Probleme von außerordentlicher praktischer Bedeutung. Ich meine die Gefährdung unserer Lebensbedingungen durch die *Umweltprobleme* und die der *Grenzen des Wachstums*, z. B. im Hinblick auf die Art und Weise, wie wir unsere Bedürfnisse als Energienachfrage geltend machen. In diesem Fall zeigt sich nämlich sehr schnell, daß es weder ein Bedürfnis nach Energie noch eigentlich einen ‚Energiebedarf‘ gibt, sondern nur eine Energienachfrage, und dieses ist im Hinblick auf die richtige Beurteilung der seit einigen Jahren in einem Brennpunkt der öffentlichen Diskussion stehenden Energieversorgungsprobleme offenbar nicht ohne Belang (vgl. dazu den Beitrag im dritten Teil dieses Bandes). Um wieder ein Beispiel zu nennen: Das Bedürfnis, nicht zu frieren, führt zu einem Bedarf nach der Aufrechterhaltung bestimmter Temperaturverteilungen; dieser Bedarf aber braucht bei weitem nicht in dem Umfang zu einer Nachfrage nach Energieträgern zu führen, wie es bisher geschieht, sondern kann zum guten Teil auch oder besser durch ganz andersartige Maßnahmen (z. B. Isolationsmaßnahmen, direkte Sonnenenergienutzung) gedeckt werden. Einen ‚Energiebedarf‘ im eigentlichen Sinn gibt es nicht (oder allenfalls im Sinn des physikalischen Minimums).

Die Unterscheidung von Bedürfnis, Bedarf und Nachfrage soll also dazu beitragen, bestimmte Probleme richtig einzuschätzen, und erfolgt insofern in kritischer Absicht. Nun läuft, wer darüber nachdenkt, warum Bedürfnisse unter bestimmten Bedingungen so oder so und nicht anders geltend gemacht werden, immer Gefahr, sich ein nicht verallgemeinerungsfähiges Urteil über anderer Leute Bedürfnisse anzumaßen oder jedenfalls einer solchen Anmaßung verdächtigt zu werden. Demgegenüber ist es meines Erachtens notwendig, das Prinzip der Konsumentensouveränität richtigerweise so auslegen zu können, daß eine Kritik der Form, in der Bedürfnisse geltend gemacht werden, nicht ausgeschlossen ist. Eben dieses werde ich im Folgenden versuchen. Wir sollten nicht hinter Veblens Einsicht zurückfallen, daß die ökonomische Nachfrage sich, abgesehen von rationalen Überlegungen, auf eine sehr komplexe Weise aus gefühlsmäßigen Impulsen und den jeweiligen gesellschaftlich-institutionellen Rahmenbedingungen ergibt. Aussichten auf Veränderungen der Nachfrage- und Bedarfsstrukturen, z. B. der herkömmlich als Energienachfrage geltend gemachten Bedürfnisse, ergeben sich im Folgenden zunächst

- unmittelbar als Kritik einer Nachfrage relativ zu dem zugrundeliegenden Bedarf, sodann aber auch
- mittelbar als Kritik eines unter bestimmten Bedingungen zustandekommenden Bedarfs relativ zu den zugrundeliegenden Bedürfnissen.

In beiden Fällen werde ich mich nicht mit Prognosen über zu erwartende Entwicklungen beschäftigen, sondern Handlungen von ihren Zielen her zu beurteilen versuchen.

Ich erläutere zunächst an einem Beispiel, welchen Unterschied es macht, ob nur die Nachfrage vom vorausgesetzten Bedarf her oder sogar der Bedarf von den zugrundeliegenden Bedürfnissen her kritisiert wird. Als Beispiel wähle ich die

Energienachfrage im Verkehr[14]

Die Energienachfrage im Verkehr ergibt sich im wesentlichen aus einem Bedarf an Beweglichkeit, sei es von Personen (ca. 70%) oder von Gütern (ca. 30%). Daß sich in diesem Bedarf wiederum die verschiedensten Bedürfnisse konkretisieren, ist unbestritten, spielt aber in dem hier betrachteten Zusammenhang keine Rolle. Von der Energienachfrage für den Personenverkehr wiederum entfallen ca. 85% auf den Individualverkehr; dies sind also etwa 60% der gesamten (End-) Energienachfrage im Verkehrssektor. Betrachtet man nun die Nachfrage nach Mineralölprodukten für den Individualverkehr auf der Straße als das Ergebnis einer kontingenten Entwicklung, auf deren Fortgang im Interesse der Energieeinsparung Einfluß genommen werden sollte, so gibt es dazu im Prinzip drei Möglichkeiten:

(1) Beschränkung des Angebots, so daß die bisherige Nachfrage nicht erfüllt wird.

(2) Deckung des gegebenen Bedarfs durch eine modifizierte Nachfrage.
   (a) Technische Verbesserungen im Bau und im Betrieb der vorhandenen Anlagen.
   (b) Substitution des bestehenden Verkehrssystems durch ein anderes, z. B. Übergang vom Individualverkehr zu Massentransportmitteln.

(3) Befriedigung der Bedürfnisse durch einen modifizierten Bedarf.
   (a) Verringerung der Verkehrsleistung durch eine relative Verlegung der Ausgangs- und Zielpunkte des Verkehrs derart, daß sich insgesamt eine Verkürzung der Distanzen ergibt.
   (b) Reduktion des Verkehrsaufkommens durch die Beseitigung von Verkehrsursachen.

Die erste Möglichkeit unterscheidet sich dadurch von den anderen, daß die Erfüllung des Bedürfnisses auf dem jeweiligen Stand eingeschränkt wird und nicht durch funktional äquivalente Substitutionen gewährleistet bleibt. Da eine Politik der Einschränkung von Wohlstandserwartungen unter den gegenwärtigen Bedingungen nicht besonders chancenreich zu sein scheint, sehe ich in dieser Möglichkeit einstweilen keine Perspektive der künftigen Veränderung der Bedürfnis-Nachfrage-Beziehung.

Die beiden unter (2) genannten Möglichkeiten akzeptieren den Bedarf an Beweglichkeit in dem gegebenen Umfang und ohne Einschränkungen an Bequemlichkeit usw. Sie unterscheiden sich nur dadurch, daß im einen Fall das vorhandene Verkehrssystem beibehalten und lediglich punktuell verbessert wird, während im anderen Fall ein gänzlich neues System an seine Stelle treten soll, was natürlich selbst dann, wenn ein solches System einmal erfunden werden sollte, mit beträchtlichen Übergangsproblemen verbunden, aber nicht notwendig unmöglich sein würde. Die unter (3) genannten Möglichkeiten schließlich beruhen darauf, daß Beweglichkeit nicht unter allen Umständen ein Bedarf, sondern – zumindest in weitem Umfang – nur unter bestimmten Bedingungen aus einem Bedürfnis abzuleiten ist. Die für den Verkehr zwischen Wohnung und Arbeitsstätte erbrachte Verkehrsleistung z. B. ist umso größer, je weiter beide auseinanderliegen und je mehr Leute auf das Land ziehen, weil die Lebensbedingungen in den Städten immer schlechter werden – nicht zuletzt aufgrund des zunehmenden Berufsverkehrs. Der Verkehr zwischen Wohn- und Erholungsgebieten, ein anderes Beispiel, ist ebenfalls kein notwendiger Ausdruck eines elementaren Bedürfnisses, sondern dieser Beweglichkeitsbedarf ist zweifellos abgeleitet von dem übergeordneten Erholungsbedürfnis und würde entfallen, wenn dieses auf andere Weise erfüllt werden könnte. Die beiden unter (3) genannten Möglichkeiten gehen darin nur verschieden weit.

Aussichten auf Veränderungen der Bedürfnis- und Nachfragestruktur ergeben sich danach

- zum einen dadurch, daß an die Stelle der bisherigen Nachfrage eine mehr oder weniger weitgehend veränderte Nachfrage zur Deckung desselben Bedarfs tritt;
- zum anderen dadurch, daß dieser Bedarf seinerseits als aus einem Bedürfnis abgeleitet identifiziert und das übergeordnete Bedürfnis durch einen relativ zu ihm funktional äquivalenten Bedarf erfüllt wird.

Das Verkehrsbeispiel zeigt also wiederum, daß es sowohl die Kritik und Substitution einer Nachfrage relativ zum intendierten Bedarf als auch die Kritik und Substitution eines Bedarfs relativ zum intendierten Bedürfnis gibt.

In beiden Fällen fragt es sich, wie eine Kritik der bestehenden Nachfrage, wenn sie schon im Interesse der Erhaltung unserer Lebensgrundlagen und vielleicht auch aus anderen Gründen eine staatsbürgerliche Pflicht ist, so stattfinden kann, daß wir einander nicht eigenmächtig vorschreiben, was des einen und was des anderen Glück ist. Der einfachere Fall ist im allgemeinen die Kritik der Nachfrage relativ zum Bedarf.

2. Bedarf contra Nachfrage. Zur Berechtigung von Konsumkritik

Es ist in jedem Fall mißlich, einem anderen Menschen gegenüber die Behauptung vertreten zu müssen, daß er das, wonach er frage, eigentlich ja gar nicht wolle, sondern nach seinen Bedürfnissen viel eher etwas anderes wolle, wonach er aber nicht frage. Trotzdem ist eine Kritik der Form, in der die Menschen ihre Bedürfnisse geltend machen, wohl in jeder Gesellschaftsordnung selbstverständlich vorgesehen und sogar besonders institutionalisiert. Denn jede Rechtsordnung sorgt dafür, daß die Menschen ihre Bedürfnisse nicht so geltend machen, wie sie es anderenfalls tun würden, wie sie es also doch wohl auch zu wollen meinen würden, wenn es die Rechtsordnung nicht gäbe. Die philosophische Reflexion auf den Unterschied zwischen dem Guten und dem Angenehmen wiederum rechtfertigt die rechtliche Reglementierung des Geltendmachens von Bedürfnissen dadurch, daß eine gegen die Rechtsordnung verstoßende Konkretisierung von Bedürfnissen ja eigentlich auch von niemand gewollt sei, sondern allenfalls vermeintlich gewollt werde. Für den vorliegenden Zusammenhang kommt es nicht darauf an, die damit verbundenen rechtsphilosophischen Probleme weiter zu verfolgen, sondern hier genügt der Hinweis auf das Faktum, daß es verboten ist, Bedürfnisse in einer Form geltend zu machen, die gegen das geltende Recht verstößt. Auch wer eines anderen Weib, Knecht, Magd, Vieh oder alles, was sein ist, begehrt, soll doch durch das geltende Recht davon abgehalten werden, sein Begehren so zu konkretisieren, wie er sich die Erfüllung vorstellt.

Eine Kritik der Art und Weise, wie im menschlichen Zusammenleben Bedürfnisse geltend gemacht werden, ist zum zweiten auch jenseits des rechtlich reglementierten Bereichs nicht nur gang und gäbe, sondern geradezu eine selbstverständlich anerkannte Pflicht. Alkoholismus z. B. und Drogensüchtigkeit werden unbeschadet aller Konsumentensouveränität schlechterdings mißbilligt. Und wir mißbilligen es auch, wenn ein nach Süßigkeiten quengelndes Kind immer nur mit Süßigkeiten oder eine konsumsüchtige Ehefrau immer nur mit Konsum abgefertigt wird. Angesichts derartiger Fälle bedarf es im allgemeinen keiner langen Diskussion über die Legitimität des Begriffs der ‚kompensatorischen Bedürfnisse' – genauer gesagt: der kompensatorischen Nachfrage. Zumindest die Unbeteiligten einigen sich in derartigen Fällen oft genug und verhältnismäßig leicht darauf, daß durch die Nachfrage nach den jeweiligen Dingen bzw. Waren jedenfalls auch und vielleicht vor allem diejenige Qualität beschworen werden soll, die mit diesen Dingen verbunden ist, wenn sie uns in einem bestimmten Kommunikationszusammenhang zukommen (vgl. dazu den Beitrag von Commandeur und Nokielski im III. Teil dieses Buchs). Man sagt dann z. B.: Frau und Kind haben eigentlich einen Bedarf danach, daß eine Zuwendung erfolgt, und kompensieren das Ausbleiben kommunikativerer Zuwendungen dadurch, daß sie mit dem ihnen immer schon zugewandten Warenangebot vorliebnehmen; der intendierte Kommunikationszusammenhang aber sei durch den Warenkauf allein allenfalls als Erinnerung lebendig zu machen, jedoch nicht als unmittelbare Erfüllung der Gegenwart. Urteile dieser Art sind auch in vielen anderen Fällen naheliegend, nicht zuletzt bei ‚Statuskäufen' und bei der konsumorientierten Kompensation beruflicher oder privater Unzuträglichkeiten. Faktisch ist die Kritik der Form, in der andere Leute ihre Bedürfnisse geltend machen, vom Alltagsklatsch bis hin zur intellektuellen Konsumkritik im Grunde eine ganz gewöhnliche Angelegenheit. Wie aber ist diese Kritik in berechtigter, begründeter und konsensfähiger Weise möglich und wann mißrät sie zur Intoleranz und Überheblichkeit gegenüber den Betroffenen?

Eine nachhaltige Kritik der konkreten Form, in der der industriegesellschaftlich lebende Teil der Menschheit seine Bedürfnisse als Nachfrage geltend macht, ist zum dritten auch das Ergebnis der Diskussion, die in den letzten zehn Jahren über die Umweltprobleme und die Grenzen des Wachstums geführt worden ist. Diese Kritik ist insofern von einer sehr weitreichenden Bedeutung, als sie – ungeachtet der Frage, wieweit die Beschwörung von Kommunikationszusammenhängen durch Waren die in der jeweiligen Nachfrage geltend gemachten Bedürfnisse nur beschränkt befriedigt und wesentliche Dimensionen leer ausgehen läßt – jedenfalls ergibt, daß der kompensatorische Konsum, gegen den sich die vorher genannte Kritik richtet, nur noch beschränkt gesteigert werden kann. Soweit man der Konsumkritik zustimmt, daß die Nachfrage nach Waren keine hinreichende Konkretisierung menschlicher Bedürfnisse ist, zeigt sich also, daß der Frage, wie die menschlichen Bedürfnisse am besten geltend gemacht werden können, in Zukunft nicht mehr durch eine bestimmte Fehlentwicklung ausgewichen werden kann, so daß man sich wohl auch mit den Ursachen dieser Fehlentwicklung beschäftigen muß. Und soweit man die herkömmliche Entwicklung weniger skeptisch beurteilt, ergibt sich gleichermaßen, daß sie jedenfalls nur noch begrenzt fortgesetzt werden kann, so daß wir in beiden Fällen darauf verwiesen sind, welche Möglichkeiten der Veränderung von Nachfrage- und Bedarfsstrukturen die Zukunft birgt, welche Perspektiven für die weitere wirtschaftliche Entwicklung also handlungsleitend sein können, um Bedürfnisse auf eine gleichermaßen vertretbare und innerhalb der Grenzen des Wachstums mögliche Weise als Nachfrage geltend zu machen.

Nachfragespielräume zur Deckung eines Bedarfs

Jede Kritik einer Nachfrage relativ zum eigentlichen Bedarf setzt nun freilich voraus, daß es überhaupt möglich ist, Bedürfnisse alternativ auf diese oder jene Art geltend zu machen. Daß diese

Voraussetzung berechtigt ist, lehrt die historische Kritik. Jede Nachfrage ist bedingt durch kontingente Entwicklungen, die also so oder so hätten verlaufen können. Ein einfaches Beispiel ist die kulturelle Vielfalt, in der die Nahrungsbedürfnisse geltend gemacht werden und der doch wohl nur zum kleinsten Teil eine physische oder soziale Notwendigkeit innewohnt. Neben dieser Relativität der Nachfrage in Bezug auf die jeweilige Gesellschaftsform und historische Situation ist die Manipulierbarkeit der Nachfrage durch Überredungskunst – insbesondere durch Werbung – ein bekanntes Thema (vgl. dazu den Beitrag von H. Meixner in diesem Band). Schließlich liegt in der Möglichkeit der Manipulation zugleich die Möglichkeit der Bildung, so daß die Form, in der ein Bedürfnis geltend gemacht wird, außer von der historisch-gesellschaftlichen Situation und den im Spiel befindlichen Überredungskünsten auch von der Erziehung und hier wohl insbesondere von der ästhetischen Erziehung des jeweiligen Einzelnen abhängt.

Daß die Verdichtung eines Bedürfnisses zu einer bestimmten Nachfrage von kontingenten Entwicklungen abhängt, also prinzipiell zu beeinflussen ist, steht danach ebenso außer Frage wie die Faktizität dieser Beeinflussung durch die Rechtsordnung, durch Überredungskünste und durch andere gesellschaftliche Faktoren. Welches aber sind die Maßstäbe, unter denen es auch legitim ist, Einfluß darauf zu nehmen oder Einflüsse darauf zuzulassen, wie Bedürfnisse geltend gemacht werden? Hinsichtlich der bestehenden Rechtsordnung wird diese Frage grundsätzlich durch die staatliche Verfassung eines Landes beantwortet, in der Bundesrepublik also durch das Grundgesetz. Schwieriger steht es bereits mit den zusätzlichen Kriterien bei der Änderung von Gesetzen, z. B. im Interesse der Vermeidung von Umweltproblemen und der Beachtung der ‚Grenzen des Wachstums'. Und noch problematischer ist es, wieweit diejenigen Konkretisierungen von Bedürfnissen, die in dem Sinn mißraten oder nicht aufgehen, daß der eigentliche Bedarf nicht oder nur scheinbar – z. B. nur kompensatorisch – gedeckt wird, auch dann begründet zu kritisieren und der Kritik gemäß aufzuhalten sind, wenn sie nicht auf Kosten unserer Lebensbedingungen erfolgen.

Die mit der Bedürfnis-, Bedarfs- und Nachfragekritik verbundenen Schwierigkeiten sind in der Diskussion im allgemeinen bekannter als die Tatsache, daß es in vielen Fällen, darunter auch in wichtigen Fragen hinsichtlich der Erhaltung unserer Lebensbedingungen, auch Lösungen der Probleme gibt. Mir liegt zunächst daran, gerade angesichts der weitergehenden Probleme deutlich zu machen, daß

- die Möglichkeit beträchtlicher Variationen der Nachfragestruktur im Interesse übergeordneter Ziele auch innerhalb des ohne fundamentale Änderungen Erreichbaren sowie unbeschadet der Deckung des Bedarfs besteht, und
- daß die Definition eines Bedarfs, relativ zu dem alternative Nachfragen mehr oder weniger wünschenswert sein können, auch ohne eigenmächtige Verfügungen über anderer Leute Glück möglich sein kann.

Im dritten Teil dieses Bandes wird deshalb ein relativ detailliertes Beispiel dafür gegeben, wie ohne Einschränkungen von Wohlstandserwartungen und außerdem ohne grundlegende Systemveränderungen dennoch ziemlich weitreichende Aussichten auf Veränderungen der Nachfrage- und Bedarfsstruktur handlungsleitend werden können (s. u. Seite 153ff.). Das gewählte Beispiel ist die Energieversorgung der Haushalte. Dabei mag die Energieversorgung der Haushalte insofern ein relativ einfaches Beispiel sein, als sich in diesem Zusammenhang kaum Probleme des Prestigekonsums ergeben und die Bedürfnisse empirisch relativ eindeutig definiert sind.

Das für die Haushalte ausweisbare Einsparungspotential ist überraschend groß.[15] Es zeigt sich, daß zur Deckung desselben Bedarfs im Haushaltsbereich je nach Anlage des Energieversorgungssystems ein ein- bis dreifacher Primärenergieaufwand (Nachfrage) erforderlich ist. Derselbe Nutzen kann langfristig verschwenderisch durch den Einsatz von ca. 78000 Megajoule pro Person und Jahr oder sparsam durch den Einsatz von ca. 24000 Megajoule pro Person und Jahr erzielt werden. Beim heutigen Wissen kann kein Punkt innerhalb dieser Spannweite als unwirtschaftlich bestimmt werden.

Das Einsparungspotential für den Energieeinsatz im Rahmen der Wohnbedürfnisse ist zwar wirtschaftspolitisch nicht ohne Widerstände zu realisieren, enthält aber keinerlei Kritik unserer faktischen Wohnbedürfnisse, sondern setzt diese einschließlich zukünftiger Wohlstandserwartungen voraus. Es geht lediglich darum, den empirisch vorfindbaren Bedarf (z. B. ‚warmes Wasser aus der Wand') angesichts der Umwelt- und Ressourcenprobleme durch eine alternative Nachfrage zu decken, die umwelt- und ressourcen-politisch weniger problematisch ist. Verglichen mit den mehr oder weniger weitgehenden Möglichkeiten der Energieeinsparung im Verkehr, sind alle vorgeschlagenen Maßnahmen keine fundamentalen Systemveränderungen, sondern liegen auf der Ebene der Weiterentwicklung konventioneller Antriebe und der konstruktiven Verbesserung von Straßenfahrzeugen.

Es gibt in der Bedürfniskritik also nicht nur Probleme, sondern auch Lösungen von Problemen. Niemand darf etwas dagegen haben, daß ein wohldefinierter Bedarf, der herkömmlich auf eine dem Gemeinwohl abträgliche Weise geltend gemacht wird, statt dessen auf eine vertretbare Weise gedeckt wird. Vielleicht sollten wir uns vor diesem Hintergrund auch mit etwas mehr Zuversicht denjenigen Bedürfnis- und Nachfragestrukturen zuwenden, deren Kritik mitmenschlich naheliegend oder im Interesse der Erhaltung unserer Lebensbedingungen eine staatsbürgerliche Pflicht ist, in denen der Bedarf relativ zur Nachfrage aber weniger eindeutig definiert ist. Problematisch an der Feststellung ‚kompensatorischer' Konsumakte – sei es des quengelnden Kindes, der konsumsüchtigen Ehefrau oder des Mannes, der seine beruflichen und privaten Mißhelligkeiten gleichermaßen konsumorientiert abreagiert – ist doch vor allem die Überheblichkeit des unbeteiligten Beobachters, der die Motivationen der Betroffenen besser zu durchschauen meint als diese sich selbst. Nun kommt es vor, daß andere uns besser verstehen als wir selbst, und es kommt auch vor, daß man selbst sich besser versteht als man von anderen verstanden wird. Wo beides möglich ist, empfiehlt es sich m. E. am ehesten, aus der Haltung des jeweiligen Besserwissens herauszutreten und ein gemeinsames Bedürfnis nach der Einsicht zu entwickeln, die die Beteiligten – der Beobachter und der Betroffene – einander einzeln absprechen. Wenn der Konsument und der, der sein Verhalten beurteilt (und sonst auch selber Konsument ist), in einen *Dialog* oder *Diskurs* über die Bestimmung des intendierten Bedarfs und über die alternativen Möglichkeiten, denselben Bedarf durch verschiedene Formen der Nachfrage zu decken, eintreten, so kommt es zu klareren Gedanken und Gefühlen in einem sonst eher durch Gedankenlosigkeit bzw. sogar durch die Abwehr von Gedanken und durch Dunkelheit der Empfindungen geprägten Bereich, andererseits zu derjenigen Identifikation, ohne die ein Bedürfnis nicht als das eigene empfunden wird (vgl. dazu den vorangegangenen Beitrag von K. Lederer in diesem Band[16]). So mühsam dieser Weg ist, sind wir dazu doch aufgerufen, wenn wir die Lebensgrundlagen nicht weiter zerstören wollen. Und niemand soll sagen, der *,neue Konsument'*[17] habe unter den gegebenen Bedingungen gar keine Chance. Es gibt keine Marktwirtschaft ohne Konsumentensouveränität. Wo die Souveränität vermißt wird, liegt es nicht am Markt. Der ,neue Konsument' wäre m. E. derjenige, an dem die Konsumentensouveränität ebenfalls nicht zu vermissen ist, der damit also auch nicht an ,Systemzwängen' und kompensatorischen Konsumangeboten scheitert.

Daß Konsumenten sich ,souverän' verhalten sollen, ist ein hoher Anspruch an jede einzelne Kaufentscheidung. Was tun wir dafür, um diesem Anspruch genügen zu können? Diese Frage ist, soviel ich sehe, nicht zu trennen von der, wie wir uns in Bezug auf diejenigen Bedürfnis- und Nachfragestrukturen verhalten sollen, in denen zwar der Bedarf relativ zur Nachfrage definiert oder im Dialog einsichtig zu machen ist, seinerseits jedoch als kontingente und problematische Konkretisierung eines übergeordneten Bedürfnisses anzusehen ist. Ich werde auch auf diese Frage eine ,demokratische' oder jedenfalls eine liberale Antwort zu geben versuchen.

3. Bedarfskritik und Bedürfnis-Bildung. Die Immaterialität des Nutzens

Ich gehe wieder von der Nachfragesituation aus. Nehmen wir an, jemand sei bereit, für etwas einen bestimmten Geldbetrag auszugeben, und dieser Nachfrage stehe ein entsprechendes Angebot gegenüber, so daß es zum Kauf kommt und der sogenannte Konsum des gekauften Guts beginnt. Was wird dann konsumiert? Offenbar das, was am Ende der Lebensdauer des gekauften Guts nicht mehr da ist, jedenfalls also nicht die Materie, aus der das Produkt besteht, denn sie wird noch da sein (sonst gäbe es keine Abfallbeseitigungsprobleme). Was am Ende nicht mehr da sein wird, ist hingegen der Nutzen des Produkts. Es gilt dann als nutzlos, und deswegen wird es weggeworfen. Nehmen wir z. B. an, daß das Produkt anfänglich den Nutzen hatte, daß man damit schreiben konnte. Sowie es diese ‚Funktion' nicht mehr erfüllt, wird es entweder wieder instandgesetzt oder als Abfall behandelt. Dasselbe gilt für ein Automobil. Sein Nutzen ist zunächst, daß man damit fahren kann, darüber hinaus, daß man sich in einer bestimmten Weise vor sich selber und seinen Mitmenschen zur Darstellung bringt. Ist dieser Nutzen nicht mehr gegeben, so wird die anfänglich nützliche Materie wiederum als Abfall behandelt. *Der Nutzen selbst ist immateriell.*

‚Konsumiert' wird also ein immaterieller Nutzen, z. B. eine Funktion, und dieser ist es eigentlich auch, wofür der Käufer sein Geld ausgibt, wenn er ein Bedürfnis als Nachfrage geltend macht. Der Nutzen ist dasjenige, wodurch ein Wirtschaftsgut wirklich ‚gut' ist, wenn es gut und in diesem Sinn tatsächlich ein ‚Gut' ist. Dieser Nutzen wiederum kann in einem weiten Sinn als Information bestimmt werden, nämlich als die In-Formation, Ein-Bildung oder Einprägung eines bestimmten Vermögens in die Sinnenwelt.

Platonisch gesprochen, besteht dieser Ertrag des Wirtschaftsprozesses darin, daß die ‚Idee' der Sinnenwelt mitgeteilt wird. Kraft der Idee sind die Dinge das, was sie sind, und haben sie den Nutzen, den sie haben. Nun ist das Platonische historisch immer in Gefahr, zum ‚bloß' Platonischen herunterzukommen, sei es zum bloß Akademischen oder zu bloß platonischen Verhältnissen. Im Hinblick auf die Bedarfs- und Nachfragestrukturen liegt diese Gefahr darin, daß man wie König Lears Töchter die Konsequenz zieht: Du hast doch uns, was brauchst Du da noch Diener und alle möglichen Güter? Mit anderen Worten: Wenn der ideelle Gehalt die Hauptsache ist, so kann man sich vielleicht auch auf diesen beschränken und die Dinge lassen, wo sie sind.

Wir erinnern uns an Diogenes und an den Sokratischen Satz: Nichts bedürfen ist göttlich; wer am wenigsten bedarf, ist der Gottheit am nächsten. Denn: Wo Euer Schatz ist, da ist auch Euer Herz (Mt 6.21), und es ist leichter, daß ein Kamel durch ein Nadelöhr gehe, denn daß ein Reicher ins Reich Gottes komme (Mt 19.24). So fernliegend dies angesichts der Wirtschaftsziele der Industriegesellschaften ist, kann ich mir doch recht gut denken, daß die Lebensweise Franz von Assisis aus den in den eben zitierten Worten zusammengefaßten Gründen eines Tages wesentlich mehr Anhänger finden wird, als wir es uns heute als einen denkbaren Wandel der Bedarfs- und Nachfragestrukturen vorstellen können. Vielleicht ist es auch gar nicht mehr so lange hin bis zu der Zeit, von welcher der Prophet Amos gesagt hat: Siehe, es kommt die Zeit, spricht der Herr, daß ich einen Hunger ins Land schicken werde, nicht einen Hunger nach Brot oder Durst nach Wasser, sondern nach dem Wort des Herrn, zu hören (Amos 8.11). Der Hunger nach dem Wort Gottes anstelle des Überflusses an Gütern liegt heute schon in der Sehnsucht nach mitmenschlicher Qualität, welche weder der Markt noch der Sozialstaat bieten können, weil es dabei nicht um ‚Dienstleistungen' geht.

Was aber die Bereiche der Wirtschaftstätigkeit angeht, so hat auch Platon den Wirtschaftssubjekten keinesfalls eine Trennung der materiellen von den immateriellen Bedürfnissen oder gar eine absolute Priorität der immateriellen Bedürfnisse zumuten wollen, so sehr er im Zug der modernen Geisteswissenschaft in diesen Verdacht geraten ist. Platons ‚Staat' ist vielmehr explizit als ein System von Bedarfs- und Nachfragestrukturen konzipiert worden und nicht nur als ein Kommunikationssystem jenseits der Befriedigung der materiellen Bedürfnisse. Und daran hat Platon vermutlich recht getan. Denn normalerweise geht es im mitmenschlichen Umgang auch um Dinge, um die sinnliche Umwelt unserer Leiblichkeit, und es ist die eigentliche Aufgabe des Wirtschaftsprozesses, die mitmenschlichen Kommunikationsbeziehungen auch der Sinnenwelt mitzuteilen und sie so zur Erscheinung zu bringen. Nur selten gelingt dies so direkt wie in dem Wunsch, den Alexander, der mächtigste Mensch der Welt, dem Diogenes gewährt haben soll – Diogenes wünschte sich, so ist es überliefert: Geh' mir, bitte, aus der Sonne. Die Regel ist: Man wünscht, kauft, schenkt sich oder einander etwas, freut sich miteinander an etwas oder auf etwas, sei es an einem Gebrauch von etwas oder an einem Anblick von etwas, man denkt sich etwas oder man beschäftigt sich mit etwas. So dient die dingliche Umwelt immer auch der Darstellung, Entwicklung und Bestätigung mitmenschlicher Beziehungen, z. B. in der Qualität des nicht Fremden oder Verläßlichen, oder ‚zur Erhaltung der Freundschaft'. Wirtschaftliche Güter sind die Erscheinung eines mitmenschlichen Kommunikationszusammenhangs mit allen dazugehörigen Momenten, einschließlich der Darstellung von Überlegenheitsgefühlen (Symbolik des Konsums, Herrschaftsverhältnisse in der Architektur usw.). Das gilt sogar für einen Elementarbedarf wie den nach Essen und Trinken – der Mensch ist auch biologisch ein soziales Wesen. Umgekehrt kann es dann auch substitutiv zur Beschäftigung mit Dingen – z. B. zum Kauf von Waren – kommen, mit denen in einem anderen Kommunikationszusammenhang Freude verbunden wäre, mit dem Ziel, diese Freude durch die Erinnerung an ein Nachbild ihres materiellen Substrats selbst erneut zu beschwören.

Wer Bedürfnis, Bedarf und Nachfrage nicht unterscheidet, ignoriert oder mißversteht den Sinn des Wirtschaftsprozesses. Wie auch sollten die mitmenschlichen Kommunikationsbedürfnisse anders als in eins mit den wirtschaftlichen Prozessen und Tätigkeiten befriedigt werden können? Nichts spricht dafür, daß das Reich der Freiheit seinen Ort nur im Handlungskreis des gesellschaftlichen Selbstbezugs und nicht ebensosehr im Handlungskreis unseres Naturbezugs zu finden hätte. Wir sind leiblich, und es ist der Sinn des Wirtschaftens, den immateriellen Nutzen, kraft dessen wirtschaftliche ‚Güter' gut sind, leibhaftig als In-formation zur Erscheinung zu bringen. Dadurch erwachsen (concrescere) Nachfragen aus Bedürfnissen. Kommt es nicht sogar darauf an, die Friedlosigkeit der Menschen im Verhältnis zueinander und zu sich selbst bis ins Denken hinein als ‚unversöhnte Natur' zu erkennen (Horkheimer/Adorno)?

Auch die Unterscheidung von Bedarf und Bedürfnis braucht nicht dazu zu mißraten, in elitärer Anmaßung anderer Leute Glück zu definieren, sondern wirkt – recht verstanden – derartigen Anmaßungen sogar entgegen. Das hier zu nennende Stichwort heißt Bedürfnis-Bildung oder, traditionell gesprochen, ästhetische Erziehung im weitesten Sinn. Wir gehen heute erstaunlicherweise im allgemeinen davon aus, daß die Konsumentensouveränität, auf der die Marktwirtschaft beruht, den Marktteilnehmern oder den Konsumenten sozusagen von alleine zufällt, daß also jeder von ganz alleine weiß, was ihm von Nutzen ist oder guttut und was nicht: Jeder, so wie er gerade kommt, auch wenn er (oder sie) hinsichtlich des Ausdrucks von Bedürfnissen ganz ungebildet und insofern sozusagen ein Analphabet ist, also die eigenen Bedürfnisse so wenig wahrnimmt wie die immaterielle Struktur unserer physischen Umwelt oder die Sozialstruktur unserer kommunikativen Umwelt. Demgegenüber beruht die Industriegesellschaft

- im kognitiven Bereich auf dem monumentalsten Schulwesen in der Geschichte der Menschheit, verlangt von allen ihren Mitgliedern ein Höchstmaß an Informiertheit über das richtige Verhalten unter bestimmten Bedingungen und hat für besondere Informationsprobleme die spezialisiertesten Fachleute hervorgebracht (nicht nur Ärzte, Juristen, Ingenieure, sondern jeweils Spezialärzte, Spezialjuristen, Spezialingenieure). Darüber hinaus
- wird auch die Optimalität der markwirtschaftlichen Organisation in allen entsprechenden Lehrbüchern unter der Voraussetzung ‚vollständiger Information' der Marktteilnehmer begründet.

Im Gegensatz dazu überlassen wir die Bedürfnis-Bildung in den Industriegesellschaften – wie vor der Einführung der allgemeinen Schulpflicht – im wesentlichen dem ‚heimlichen Lehrplan', der sich – ohne daß darüber unter Gesichtspunkten des Gemeinwohls weiter nachgedacht wird – sozusagen sozialwüchsig zum einen durch Erziehung, zum anderen durch Werbung, Mode und Massenmedien sowie zu einem guten Teil auch einfach durch Sozialisation unter den gegebenen Lebensbedingungen ergibt. So kommt es dann dazu, daß – um nur ein einziges Beispiel zu nennen – ein Bettenhaus annonciert, man solle sich den Frühling ins Schlafzimmer holen, indem man neue Betten kauft. Den Frühling ins Schlafzimmer zu holen, ist offenbar ein Bedürfnis, sonst wäre diese Werbung jedenfalls auch nicht erfolgreich, aber wer dieses Bedürfnis im wesentlichen zu einem Bedarf und einer Nachfrage nach Betten konkretisiert, hat in seiner Bedürfnis-Bildung offenbar noch etwas nachzuholen.

Soweit mit dieser Behauptung ein Vorwurf verbunden ist, soll er nicht gegen diejenigen gerichtet sein, die relativ zum Konsumangebot kein hinreichend differenziertes Urteil haben, sondern gegen die, welche diesen Zustand unter mißbräuchlicher Berufung auf die Konsumentensouveränität (die doch erst zu entwickeln ist) zu erhalten suchen. Es liegt ein Widerspruch darin, für die kognitive Bildung des Bürgers der Industriegesellschaft das monumentalste Schulwesen in der Geschichte der Menschheit zu reklamieren, auch Gesundheitserziehung und Präventivmedizin noch gelten zu lassen, eine ästhetisch-emotionale Erziehung der Erlebnisfähigkeit und präventive Bedürfnisbildung für den Wirtschaftsprozeß hingegen als Eingriff in das freie Spiel der Kräfte mit Mißtrauen zu bedenken. Der Verdacht liegt nahe, daß es auch hier – wie so oft, wenn Bedenken gegen Maßnahmen überhaupt geäußert werden – weniger um die Maßnahmen überhaupt als vielmehr darum geht, daß die betreffenden Maßnahmen mit anderen Maßnahmen interferieren, die bereits erfolgen und mit denen sie nicht ohne weiteres vereinbar sind, nämlich eben mit dem schon genannten ‚heimlichen Lehrplan'.

In unserem Sprachgebrauch wird die ‚ästhetische Erziehung' häufig zum ‚bloß' Ästhetischen abgewertet, das man sich in gewissen Kreisen noch als eine Zugabe zur industriewirtschaftlichen Realität leistet. Dies ist bereits ein Indiz dafür, daß wir in unserem Bildungssystem und in unserer sonstigen Sozialisation die Entwicklung derjenigen Grundlagen vernachlässigen, ohne die auch eine akademische Ausbildung nicht dazu beiträgt, daß wir mit

Wissenschaft und Technik besser leben können als ohne sie. Diese Grundlagen sind m. E. nicht einseitig durch kognitive Bildung, sondern ebensosehr durch emotionale und ästhetische Bildung im künstlerischen, religiösen, sprachlichen, historisch-sozialen und mathematischen Bereich zu entwickeln. Ästhetische Erziehung – als Bildung (also nicht als Manipulation) der Wahrnehmung und Erlebnisfähigkeit verstanden – ist, soviel ich sehe, die entscheidende Voraussetzung dafür, daß wir eine Chance bekommen, die Umweltprobleme und die der Grenzen des Wachstums längerfristig zu lösen, nämlich durch Bedürfnis-Bildung, aber diese Chance wird es nur dann geben, wenn die ästhetische Erziehung als eine öffentliche Aufgabe wahrgenommen wird und z. B. in der Schule nicht auf zwei oder vier Wochenstunden Kunst und Musik beschränkt bleibt.

Das Problem ist, auf eine kurze Formel gebracht, wie wir unsere Bedürfnisse in Bezug auf die Natur durch den Wirtschaftsprozeß auf eine verantwortbare Weise geltend machen können. Dieses Problem betrifft also durchaus nicht nur die Schule, sondern unser gesamtes Bildungssystem und die Auseinandersetzung der verschiedensten gesellschaftlichen Kräfte. An den Hochschulen z. B. wird es überhaupt gar nicht wahrgenommen, wenn
- einerseits die Geistes- und Sozialwissenschaften, soweit sie etwas von den menschlichen Bedürfnissen und ihrer Bildung verstehen, blind gegen die Natur sind und der Qualität der Sinne den Rücken zukehren, und wenn
- andererseits die Naturwissenschaften nicht auch die Augen dafür öffnen, die Natur oder unsere Umwelt nicht bloß als Objekt, sondern auch im Sinn einer Verantwortung wahrzunehmen.

Bedürfnis-Bildung im Sinn einer wahrnehmenden Verantwortung oder verantwortlichen Wahrnehmung unserer Umwelt geht zwar wesentlich über den herkömmlichen Horizont unseres Bildungssystems hinaus, ist aber diejenige Perspektive der Veränderung unserer Nachfrage- und Bedarfsstrukturen, die auf längere Sicht handlungsleitend werden müßte, wenn wir unsere Lebensgrundlagen nicht zerstören und ein menschliches Verhältnis zur Natur – sowie ein natürliches Verhältnis zum Menschen – gewinnen wollen. Ich gebe damit keine Antwort auf die Frage, durch welche Art der Nachfrage wir unsere Bedürfnisse in Zukunft m. E. wahrscheinlich am ehesten geltend machen werden. Wer wollte das auch prognostizieren? Versucht aber habe ich, eine Antwort auf die Frage zu geben, welche Art der Auseinandersetzung uns hinsichtlich der zukünftigen Entwicklung unserer Bedarfs- und Nachfragestrukturen auf den richtigen Weg einer nicht nur eingebildeten Konsumentensouveränität bringen würde, wenn nicht nur ein gegebener Bedarf durch eine besser verantwortbare Nachfrage gedeckt, sondern auch ein bestehendes Bedürfnis jeweils zu dem ihm angemessenen Bedarf konkretisiert werden soll.

Horst Meixner

Manipuliert die Werbung?

„Jeder Politiker, jeder Pfarrer und jeder Werbemann weiß, wie ungemein schwierig es ist, Menschen für eine bestimmte Weltanschauung, Religion oder Ware zu gewinnen. Aus diesem Grunde ist es auch unmöglich, einfach irgendwelche Produkte zu produzieren, um sie dann mit Hilfe geheimnisumwitterter Manipulation an den Mann zu bringen. Vielmehr wird jedes verantwortungsbewußte Unternehmen zunächst die Wünsche und Bedürfnisse der Verbraucher erforschen, um dann erst die entsprechenden Produkte herzustellen, auf den Markt zu bringen und zu bewerben. Mit Manipulation hat das nichts zu tun. Wohl aber mit verbraucherorientiertem Denken und Handeln."

Zentralausschuß der Werbewirtschaft (ZAW); Werbung – Pro & Contra, 2. Aufl. 1974, S. 15.

1. Kritik der Werbung als Bedürfniskritik

Sucht man in der ökonomischen Theorie nach einer Kritik der Werbung, so stellt man fest, daß Angriffe auf die gigantische Maschinerie der Konsumentenbeeinflussung von dieser Seite ausgesprochen selten sind. Hingegen fühlen sich anscheinend viele Vertreter der ökonomischen Zunft aufgerufen, die Werbung gegen die vereinzelten Kritiker zu verteidigen. Einem prominenten Kritiker der Werbung wie Galbraith[18] bescheinigt man zwar einige – vorwiegend sprachliche – Brillianz, wobei man deutlich neiderfüllt auf die Auflagenhöhe seiner Bücher schielt, aber daß er nicht nur ‚populär' schreibt, sondern mit seiner Kritik im Prinzip auch unrecht hat, ist weitgehend ausgemachte Sache. Groteske Formen nimmt dieser Umgang mit einem Außenseiter, der die heile Welt der Modelle zu stören droht, dort an, wo einzelne Beispielfälle zitiert werden, die Galbraiths These von den manipulativen Möglichkeiten der Werbung angeblich widerlegen. So muß als Falsifikator immer wieder jener Ford-Edsel aus den fünfziger Jahren herhalten, der sich trotz massiver Werbeaufwendungen nicht an den Konsumenten bringen ließ,[19] ohne daß sich die Falsifikateure auch nur im geringsten darum scheren, daß das Anlegen eines ähnlich strengen Maßstabs bei der Prüfung jenes Kanons von Theorien, den sie gegen Kritiker verteidigen möchten, verheerend wirken müßte.

Die Zurückweisung der Kritik an der Werbung wird meist mit dem Hinweis verbunden, daß man die ‚Alternative', die von den Kritikern angestrebt werden, keinesfalls billigen könne, weil dann irgendeine ‚Elite' oder ‚Zentralinstanz' darüber befinde, welche Bedürfnisse die ‚richtigen' seien.

Das gibt Anlaß zu der Vermutung, daß Ökonomen die Werbung weniger verteidigen, weil sie darin eine sinnvolle, notwendige und nützliche Aktivität erblicken, sondern weil sie der Meinung sind, den Kritikern der Werbung gehe es um einen Angriff auf eines der zentralen Axiome ihres Denkens; nämlich um das Bestreiten der Aussage, daß die Individuen selbst am besten wissen, was ihre Bedürfnisse sind und durch den Einsatz welcher Mittel sie optimal befriedigt werden können. Die Verteidiger der Werbung hegen den Verdacht, daß die Kritiker an die Stelle des autonomen, nur sich selbst verantwortlichen (Wirtschafts-) Subjekts eine Instanz setzen wollen, die aufgrund angeblicher ‚höherer Einsicht' die Individuen bevormundet und ihnen vorschreibt, was für sie ‚gut' ist. Mit anderen Worten: Die Verteidiger der Werbung spielen die Autonomie des Subjekts gegen eine in ihren Augen autoritäre Tradition aus, die bis auf Platon zurückgeht, und die sie dadurch gekennzeichnet sehen, daß eine Gruppe – seien es nun Philosophenkönige oder ein Zentralkomitee – behauptet, über einen privilegierten Erkenntniszugang zu verfügen, und sich deshalb anmaßt, über die ‚Wahrheit' der Bedürfnisse von Individuen zu urteilen.[20] Dagegen halten sie in der Tradition von J. St. Mill das Panier des Liberalismus und Individualismus hoch, der Achtung vor den Bedürfnissen der Subjekte fordert und sich gegen eine Klassifizierung in ‚gute' und ‚schlechte' qua höherer Einsicht sperrt.

Diese Konfrontation, die in ihrer Bedeutung selbstverständlich weit über das Problem der Werbung hinausreicht, verdankt sich in wesentlichen Punkten ungenügender Differenzierung. Auch und gerade wenn man mit der liberalen Tradition darin einig ist, daß die einzig legitime Instanz für die Beurteilung der Qualität von Bedürfnissen die Individuen selbst sein sollen, ist Bedürfniskritik möglich; allerdings nicht als Kritik der Bedürfnisse, sondern als Kritik der Bedingungen ihrer Konkretisierung. Etwas genauer läßt sich diese Position folgendermaßen skizzieren: Die Frage nach der ‚Wahrheit' von Bedürfnissen wird transformiert in die Frage nach der Legitimität von Mitteln zur Beeinflussung des Prozesses, in dem sich Bedürfnisse zu einem Bedarf und schließlich zu einer Nachfrage konkretisieren.[21] Bedürfnisse werden damit als Faktum genommen, das sich einer Bewertung entzieht; Gegenstand der Kritik ist der Prozeß der Ausrichtung von Bedürfnissen auf bestimmte ‚Objekte des Begehrens', in dem die Werbung eine zentrale Rolle spielt.[22]

2. Die Konsumgüterwerbung im Kontext von Unternehmens- und Verbraucherinteressen

In der einschlägigen Literatur wird unter dem Begriff ‚Werbung' weitgehend übereinstimmend eine „absichtliche und zwangfreie Form der Beeinflussung" verstanden, „welche die Menschen zur Erfüllung der Werbeziele veranlaßt" (Neske und Heurer 1971, S. 211). Von Synonyma wie ‚Propaganda' und ‚Reklame' wird der Begriff, der sich möglichst neutral geben soll, schon fast ängstlich abgesetzt, weil es sich um politisch belastete bzw. negativ besetzte Termini handelt.

Der noch bis in die zwanziger Jahre in Deutschland gebräuchliche Begriff Reklame, der im wesentlichen das bezeichnete, was heute gemeinhin Wirtschaftswerbung genannt wird, wurde im Laufe der Zeit zum Inbegriff des ‚Marktschreierischen'. Der Übergang zu einer positiven und seriösen Benennung wurde durch die Werbebranche selbst initiiert und kann als Beispiel für das Verfahren der Werbung gewertet werden, „Wirkungen durch die Kunst der Benennung zu erzielen" (Römer 1968, S. 12).

Der Begriff der Propaganda wird im heutigen Sprachgebrauch weitgehend dem Bereich der Weltanschauungen und Ideologien zugeschlagen. In erster Linie werden darunter die Bemühungen politischer Organisationen zur Verbreitung der sie leitenden politisch-weltanschaulichen Ideen gefaßt, erst in zweiter Linie denkt man an die Versuche, Menschen für religiöse oder kulturelle Ideen zu gewinnen. Durch die Assoziationen zum stalinistischen und faschistischen Sprachgebrauch, die der Begriff auslöst, ist er erheblich belastet. Das dürfte der Grund dafür sein, daß die großen bundesrepublikanischen Parteien und Verbände diesen Terminus als Bezeichnung ihrer eigenen Aktivitäten tunlichst vermeiden und lieber von ‚politischer Werbung' oder von ‚public relations' sprechen; ‚Propaganda' hingegen betreibt nur der politische Gegner.

Diese begriffliche Absetzung der Werbung gegen vorbelastete Synonyma folgt einem bekannten Muster der Abschirmung gegen Kritik. Unliebsam gewordene Erscheinungsformen der Werbepraxis werden zu einem eigenen Begriff gebündelt und von der ‚eigentlichen' Werbung abgetrennt, der nur positive Funktionen zugeschrieben werden (vgl. Abromeit 1972, S. 13). Selbst die eingangs angeführte, neutral gehaltene Definition ist in dieser Hinsicht problematisch, weil sie die Werbung umstandslos als ‚zwangfreie Form der Beeinflussung' anspricht. Damit wird die Frage ausgespart, ob es neben ‚äußerem' Zwang nicht auch Formen der Beeinflussung gibt, die subtiler, aber ähnlich wirkungsvoll die Entscheidungsfreiheit der Beeinflußten einschränken und sie so zu einem bestimmten Verhalten veranlassen.

Der für die hier interessierende Problematik in jeder Hinsicht wichtigste Bereich der auf wirtschaftliche Zwecke ausgerichteten Werbung wie auch der Werbung überhaupt ist die Reklame für

Konsumgüter. Die Public-Relations-Bemühungen der Unternehmen, die nicht unmittelbar zum Kauf von Produkten auffordern, sondern der Selbstdarstellung in der Öffentlichkeit dienen, sind demgegenüber von geringerer Bedeutung; ebenso die Werbung für Rohstoffe, Halbfabrikate und Investitionsgüter, deren Adressaten nicht die privaten Haushalte sind, sondern die Entscheidungsträger in den Unternehmen und in öffentlichen Einrichtungen.[23] Auf die Konsumgüterwerbung konzentriert sich nicht nur der größte Teil der für Werbezwecke insgesamt verausgabten Mittel, sondern es handelt sich auch um den ‚augenfälligsten' Teil der allgegenwärtigen Maschinerie zur Beeinflussung der Konsumenten und damit um den Bereich, für den vermutet werden muß, daß er die Konkretisierung von individuellen Bedürfnissen zu einem Bedarf und einer Nachfrage nach bestimmten Produkten am stärksten prägt. Zudem setzen die heute verbreiteten und of kritisierten Formen der politischen Werbung diese Art der Wirtschaftswerbung historisch und systematisch voraus, so daß sie in ihrer Wirkungsweise nur von daher erschlossen werden können. (So beruhen etwa die bei der Werbung für politische Parteien anläßlich von Wahlen praktizierten Methoden oder auch die Werbung von Interessenverbänden in den heutigen parlamentarisch verfaßten Gesellschaften auf einer weitgehenden Übernahme von Techniken und Verfahren der Wirtschaftswerbung,[24] wobei diese Übernahme ihren Grund in einem tiefgreifenden Wandel des Parlamentarismus seit seinen Anfängen haben dürfte.)[25]

Ein Blick in die Betriebswirtschaftslehre als den Teil der ökonomischen Theorie, der in erfrischender Ehrlichkeit unternehmerische Interessen zu seinem Ausgangspunkt macht, zeigt nun, welchen Zielen die Werbeausgaben der Unternehmen dienen: Die Absatzlehre begreift die Beziehung zwischen Unternehmen und Konsument als „unternehmerischen Aktionsbereich", in dem es darum geht, „aktiv gestaltend" auf die Präferenzen der Konsumenten einzuwirken. Neben der Produkt- und Sortimentsgestaltung sowie der Gestaltung der Absatzwege und der Preise gilt dabei die Werbung als zentrales „absatzpolitisches Instrument", das dem Zweck dient, bestehende Verkaufswiderstände am Markt zu beseitigen.[26]

Das erklärte Globalziel der Wirtschaftswerbung, die Förderung des Absatzes, dient seinerseits dem Ziel der (langfristigen) Gewinnmaximierung, denn in einem marktwirtschaftlich-kapitalistischen Wirtschaftssystem besteht für das einzelne Unternehmen ein konkurrenzbedingter Zwang zur Erzielung von möglichst großen Gewinnen, dem es sich nur ‚bei Strafe seines Untergangs' entziehen kann. Unterstellt man auf Seiten des Konsumenten ein Interesse an möglichst umfassender und sachgerechter Information über die Eigenschaften der angebotenen Produkte, so konfligiert dieses Interesse offenbar mit den unternehmerischen Zielsetzungen, die für Art und Umfang der Werbung entscheidend sind. Denn diese Ziele wirken selektiv auf die von der Werbung verbreitete Information über Produkteigenschaften. „Informationsvermittlung ist hier nur soweit relevant, als sie dem eigentlichen Ziel der beabsichtigten Verhaltensänderung dient."[27] In welchem Maß Werbung Informationen über Gebrauchseigenschaften von Produkten enthält und in welcher Auswahl, wird also letztlich durch das Absatz- und Gewinnziel entschieden. Somit kann die Tatsache, daß Werbung einen gewissen Informationsgehalt hat, nicht beweisen, daß sie dem Interesse der Konsumenten gerecht wird,[28] denn die Menge der den Konsumenten interessierenden Information ist nicht deckungsgleich mit den Informationen, deren Verbreitung von unternehmerischen Zielen her empfehlenswert ist.

Gleiches gilt auch für den Umfang, in dem Werbung betrieben wird: Nicht das Interesse der Konsumenten an einem Überblick über das Angebot ist entscheidend, sondern dem potentiellen Käufer wird Werbung in dem Umfang präsentiert, der dem Unternehmen im Hinblick auf seine Ziele optimal erscheint. Deutlich wird dies in all den Fällen, wo die Menge der Werbung für ein Produkt über das Orientierungsbedürfnis der Konsumenten weit hinausgeht, weil sich – wie etwa in der Waschmittelwerbung – die Werbeaufwendungen für konkurrierende Produkte derart aufschaukeln, daß ein Großteil der Werbung für die einzelne Produktvariante nur noch als Kompensation anzusehen ist, und lediglich dazu dient, gegenüber Konkurrenzprodukten in der optischen Präsenz nicht zurückzufallen.

Ebenso verhält es sich mit den in der Werbung angewandten Methoden und Techniken. Für ihre Auswahl ist nicht in erster Linie maßgebend, ob sie Maßstäben genügen, die durch die Interessen der Konsumenten gesetzt werden, sondern einzig, ob der gewünschte Erfolg mit der einen oder der anderen Methode sicherer erscheint.

Zur Widerlegung dieser letzten These wird vielfach ein ‚Entsprechungsargument' angeführt, das die Behauptung von der Lenkung der Produktion durch die souveränen Konsumentenentscheidungen auf die Sphäre der Werbung überträgt. Danach sorgen die unternehmerischen Ziele gerade dafür, daß Methoden und Techniken gewählt werden, die beim Konsumenten ‚ankommen', so daß die getroffene Auswahl eine getreue Widerspiegelung der Wünsche der Umworbenen sein müsse.[29] Das faktische Maß der Werbung wären hiernach die Verbraucher, die ‚gute' Werbung honorieren und ‚schlechte' ignorieren. Genügt die Werbung irgendwelchen ästhetischen oder moralischen Ansprüchen nicht, so können das nur von außen angelegte, elitär definierte und deshalb ‚falsche' Maßstäbe sein. Die Konsumenten ‚wollen es ja nicht anders', sonst könnte sich diese Werbung ebensowenig halten wie ein Produkt, für das sich kein Käufer findet. Reeves hat dieses Argument auf die Formel gebracht, Werbung sei die Wirkung und nicht Ursache der Konsumentenwünsche (Reeves 1969, S. 167ff.).

Genau an diesem Punkt setzt die Diskussion um Manipulation in der Werbung ein: Die Frage ist, ob die wirkungsvollen Methoden der Beeinflussung individueller Entscheidungen immer schon legitim sind, ob allein ihr Erfolg ihre Anwendung schon rechtfertigen kann.

3. Zum Gebrauch des Manipulationsbegriffs

Der Begriff Manipulation, der vom Wortsinn her soviel wie „zielbewußtes technisches Eingreifen in ein gegebenes Material" (Enzensberger 1970, S. 166) bedeutet, entstammt einem bestimmten Diskussionszusammenhang, der eng verknüpft ist mit der Entstehung der außerparlamentarischen Opposition (APO) und der Studentenbewegung in den sechziger Jahren. Die Studentenbewegung übernahm den Betriff von den Vertretern der ‚Kritischen Theorie' (Horkheimer, Adorno), insbesondere aus den Schriften von Herbert Marcuse, der ihn als Schlüsselbegriff einer Analyse spätkapitalistischer Gesellschaften verstanden wissen wollte.

Marcuse hatte den Manipulationsbegriff herangezogen, um zu erklären, warum die Lohnabhängigen in den industriell hochentwickelten Ländern sich gegenüber dem etablierten Herrschaftssystem weitgehend unkritisch und passiv verhielten, wobei ihm vor allem die amerikanischen Verhältnisse das Material zu seiner Analyse lieferten. Er sieht die Individuen in diesen Gesellschaften von „repressiven Bedürfnissen" beherrscht, die sich von den ‚wahren' Bedürfnissen dadurch unterscheiden, daß sie „dem Individuum durch partikuläre gesellschaftliche Mächte, die an seiner Unterdrückung interessiert sind, auferlegt werden" (Marcuse 1967a, S. 25).

Die Herstellung einer „Gesellschaft ohne Opposition" durch Unterdrückung der „wahren Bedürfnisse" der Menschen mittels „neuer Formen der Kontrolle" in einem System umfassender Manipulation in der Werbung, den Massenmedien und der politischen Propaganda führe schließlich dazu, daß „sich die Individuen mit dem Dasein identifizieren, das ihnen auferlegt wird": „Die Erzeugnisse durchdringen und manipulieren die Menschen; sie befördern ein falsches Bewußtsein, das gegen seine Falschheit immun ist" (vgl. ebda, S. 31 f.).

Gegen diese Position ist von Kritikern wiederholt eingewandt worden, sie liefere keine Belege, sondern spekuliere nur auf ein verbreitetes diffuses Unbehagen an der modernen Industriegesellschaft und setzte im übrigen schlichte Behauptungen an die Stelle überprüfbarer Hypothesen. Sie führe darüber hinaus in ihrer praktischen Konsequenz zu der These, die Intellektuellen – als die am ehesten zum Durchschauen der totalen Manipulation befähigte Gruppe in der Gesellschaft – müßten die unmündigen Massen gegen das spätkapitalistische System mobilisieren und sie dazu bewegen, ihr faktisches Einverständnis mit dem System aufzukündigen.

Unterstellt wurde dieser Konzeption von Seiten der ‚rechten' Kritik auch, daß sie theoretisch eine Erziehungsdiktatur vorbereite, weil sich aus ihr die Forderung begründen lasse, im Interesse der ‚wahren' – aber von ihren eigentlichen Trägern nicht erkennbaren – Bedürfnisse die Gesellschaft zu revolutionieren, ohne daß noch die Frage nach einem mehrheitlichen Konsens gestellt werden müßte.[30]

Marcuse ist einem solchen Argument allerdings schon vorab durch die Feststellung entgegengetreten, daß in letzter Instanz die Frage, „was wahre und was falsche Bedürfnisse sind, von den Individuen selbst beantwortet werden" muß; „das heißt sofern und wenn sie frei sind, ihre eigenen Antwort zu geben." „Deshalb kann sich auch kein Tribunal legitimerweise das Recht anmaßen, darüber zu befinden, welche Bedürfnisse entwickelt und befriedigt werden sollten."

Jedoch ist damit für Marcuse die zentrale Frage nur erneut aufgeworfen, „wie (...) Menschen, die das Objekt wirksamer und produktiver Herrschaft gewesen sind, von sich aus die Bedingungen der Freiheit herbeiführen" können (Marcuse 1967a, S. 26).

Wenn sich daran auch erweist, daß der Vorwurf nicht ohne weiteres trifft, weil auch für Marcuse die ‚Wahrheit' von Bedürfnissen nicht völlig unabhängig von den faktischen Einstellungen und Wünschen der Individuen behauptet werden kann und weil selbst die Kenntnis ‚wahrer' Bedürfnisse noch nicht die Legitimation für politisches Handeln gegen den Willen von Mehrheiten verschaffen würde, so läßt sich doch gegen den Gebrauch des Manipulationsbegriffs bei Marcuse im Zusammenhang mit ‚wahren' und ‚falschen' Bedürfnissen einiges einwenden: Der Manipulationsbegriff wird sehr global eingesetzt und ist nur unpräzis gefaßt, was die Überprüfung der These von der überwältigenden Rolle der Manipulation bei der Bedürfnisformung erschwert oder sogar verunmöglicht. Die enge Verknüpfung des Manipulationsbegriffs mit der Unterscheidung ‚wahrer' und ‚falscher' Bedürfnisse wirft erhebliche Probleme auf, weil aus Marcuses Ausführungen nicht endgültig klar wird, ob sich das Vorhandensein von Manipulation danach bemißt, welche Mittel zur Beeinflussung der Individuen eingesetzt werden oder danach, ob durch eine Beeinflussung ,falsche' Bedürfnisse erzeugt werden; was dann allerdings wirklich zur Voraussetzung hätte, daß auf irgendeinem Wege die ,wahren' Bedürfnisse ermittelt werden können. Da das aber ohne Rekurs auf die faktischen Bedürfnisse nicht möglich ist, wenn man den ,Verordnungsweg' vermeiden und mehr erreichen will als einen auf alle Fälle legitimen aber unverbindlichen ,Vorschlag' für ,wahre' Bedürfnisse, scheint es sinnvoll, den Manipulationsbegriff von dieser überaus problematischen Unterscheidung abzulösen.

Enzensberger, der der ,Neuen Linken' vorhält, daß die Manipulationsthese in ihrem Kern defensiv sei, weil sie dem Glauben aufsitze, daß „es in politischen und gesellschaftlichen Fragen eine reine, unmanipulierte Wahrheit" gäbe, bezeichnet im Unterschied zu Marcuse jeden Gebrauch der modernen Massenmedien, egal welche Ziele dabei eine Rolle spielen und welche Mittel im einzelnen verwandt werden, als Manipulation. „Die Frage ist (. . .) nicht, ob die Medien manipuliert werden oder nicht, sondern wer sie manipuliert. Ein revolutionärer Entwurf muß nicht die Manipulateure zum Verschwinden bringen; er hat im Gegenteil einen jeden zum Manipulateur zu machen (Enzensberger 1970, S. 166).

Diese begriffliche Konzeption hebt zwar zutreffend die Tatsache hervor, daß bereits in jede Auswahl von Informationen die Interessen des Handelnden eingehen und ,völlige' Objektivität deshalb nicht zu haben ist, doch nimmt eine solche Bestimmung dem Manipulationsbegriff auch seine Schärfe. Manipulativ ist nämlich danach letztlich jedes Handeln, das auf die Beeinflussung anderer abzielt. Eine Unterscheidung nach der Legitimität der eingesetzten Mittel mit Hilfe des Manipulationsbegriffs wird dadurch unmöglich. So sehr die Forderung nach einer Demokratisierung der Massenmedien auch berechtigt sein mag, so wenig wird dadurch doch das Problem der Legitimität der zur Beeinflussung anderer eingesetzten Mittel aus der Welt geschafft. Eine solche Unterscheidung im Bereich der eingesetzten Mittel zu ermöglichen, scheint aber gerade die Aufgabe zu sein, die der Manipulationsbegriff erfüllen kann.

Von Manipulation sollte deshalb immer dann gesprochen werden, wenn im Bereich von Politik und Ökonomie Methoden und Techniken der gewaltfreien Beeinflussung zur Anwendung kommen, mit deren Hilfe ein gewünschtes Verhalten anderer Menschen unter Umgehung des kritischen Urteilsvermögens dieser Menschen herbeigeführt werden soll.

Zwischen dem eingangs erwähnten Postulat, daß nur die Individuen selbst ihre Bedürfnisse einer Beurteilung unterwerfen sollen, und dem eingeführten Begriff von Manipulation läßt sich nun ein Zusammenhang herstellen: Zunächst ist darauf hinzuweisen, daß diese Norm interpretationsbedürftig ist, denn es ist unklar, ob ihr schon Genüge getan ist, wenn die Individuen nur überhaupt Wahlhandlungen vollziehen, oder ob mehr gefordert ist. Soll ersteres gelten, würde der Anspruch damit derart reduziert, daß die Norm ihre selektive Kraft völlig einbüßen müßte. Denn sogar in dem extremen Fall, daß den Individuen ihre ‚wahren' Bedürfnisse vorgeschrieben werden, läßt sich ihr Handeln noch als ‚Wahl' interpretieren, auch wenn die ‚Alternative' – nämlich die Nicht-Befolgung der Vorschrift – nur deshalb nicht ‚gewählt' wird, weil sie z. B. mit schweren Sanktionen belegt ist. Offensichtlich muß gerade dann, wenn dieser Norm das liberale Interesse an einer Abwehr von Bevormundung zugrunde liegt und Vorschriften über die Legitimität von Bedürfnissen durch Instanzen ‚oberhalb' der Individuen deshalb ausgeschlossen werden sollen, die Norm mehr verlangen. Dieses ‚Mehr' wird normalerweise durch die Hinzufügung von Attributen wie ‚frei' und ‚souverän' zum Begriff der Entscheidung umschrieben. Darin kommt zum Ausdruck, daß die Individuen auch tatsächlich und nicht nur scheinbar die Subjekte ihrer Entscheidungen sein sollen. Gefordert ist, entsprechend einer bekannten Definition von Freiheit, die ‚Abwesenheit von Zwang' bei der Wahl zwischen Alternativen. Wie oben gezeigt, läßt sich die ‚Abwesenheit von Zwang' nun aber nicht daran messen, daß faktische Entscheidungen getroffen werden, denn Wahlhandlungen könnten auch zur Gänze fremdbestimmt sein. Deshalb muß auf das eigene Urteilsvermögen als die Instanz rekurriert werden, die allein die Souveränität von Entscheidungen verbürgen kann. Es muß also eine Kapazität bei den Individuen vorausgesetzt werden, die ihnen ein Abwägen und damit Rationalität bei der Wahl zwischen Alternativen erlaubt, ohne daß damit über die Inhalte von Bedürfnissen und ihre Rangordnung etwas ausgesagt wird.[31] Die Forderung, daß nur die Individuen selbst ihre Bedürfnisse einer Beurteilung unterwerfen sollten, besagt somit, daß die Individuen die Möglichkeit haben sollen, zwischen Alternativen unter solchen Bedingungen zu wählen, die gewährleisten, daß die getroffene Wahl auf dem eigenen, kritischen Urteilsvermögen beruht.

Akzeptiert man die hier vorgeschlagene Interpretation, die dem liberalen Interesse an Selbstbestimmung und der Abwehr von Fremdbestimmung folgt, so wird diese Norm immer (auch) dann verletzt, wenn manipulative Methoden im oben näher bezeichneten Sinn wirksam werden.

Wenn sich nun zeigen läßt, daß Werbung Methoden und Techniken zur Beeinflussung des Verhaltens der Konsumenten anwendet, die ein gewünschtes Verhalten durch möglichst weitgehende Ausschaltung des kritischen Urteilsvermögens bewirken sollen, so eröffnet sich auch und gerade auf der Grundlage liberaler Denktraditionen eine Möglichkeit der Kritik an der Werbung.

4. Das Manipulative in der Werbung

Stellt man die Frage nach dem manipulativen Gehalt von Werbung in dieser Weise, so wird ein Großteil der Argumente, die die Verteidiger der Werbung gegen Kritiker wie Galbraith vorbringen, gegenstandslos.

Galbraith kommt nämlich in seiner Analyse der ‚modernen Industriegesellschaft' zu dem Ergebnis, daß die Konsumenten – entgegen den Annahmen in ökonomischen Standard-Modellen – keineswegs souverän seien, sondern einer äußerst wirksamen Kontrolle durch die Unternehmensseite unterliegen. Bei der „Manipulation der Nachfrage" mittels „der Manipulation derer, die Waren kaufen" (Galbraith 1971, S. 191) wirkt die Werbung nach Galbraith zusammen mit anderen Instrumenten in Richtung auf ein gezieltes „Management der Nachfrage", dessen Möglichkeiten bis zu einer künstlichen Weckung von Bedürfnissen reichen (Galbraith 1972, S. 161). Die Argumente der Verteidiger der Werbung richten sich vor allem auf diesen Punkt: Zwar könne die Werbung an gruppenspezifischen Verhaltensweisen und Werthaltungen ansetzen und sie könne durch ihren auffordernden Charakter partiell auch normenverändernd wirken, doch sei eine nahezu beliebige Kreation und Steuerung von Konsumentenbedürfnissen ausgeschlossen (Wiswede 1972b, S. 167ff. Ähnlich wie Molitor 1974, S. 106, sowie Dichtl 1974, S. 132ff.).

Soweit es sich nur darum handelt, der Werbung die Möglichkeit zu bestreiten, den Bedarf nach einem bestimmten Produkt aus dem Nichts zu schaffen, mag diese Kritik zutreffen; (doch ist fraglich, ob das von Galbraith je behauptet wurde). Die Kritik scheint jedoch nur zu oft von der Intention getragen zu sein, mit der Widerlegung der These, ein Bedarf werde durch die Werbung ‚erzeugt', auch den Manipulationsverdacht überhaupt zurückzuweisen. Verwendet man aber den Manipulationsbegriff nicht generell zur Kennzeichnung der Einflußnahme der Unternehmen auf die Konsumenten, sondern – wie hier vorgeschlagen – um bestimmte Methoden und Techniken der Beeinflussung zu kritisieren, so trifft eine Kritik, wie sie gegen Galbraiths Manipulationsthese vorgebracht wurde, nicht mehr; denn es wird dann unerheblich, wie weit die Möglichkeiten der Bedarfskreation durch Werbung im einzelnen reichen.

Ein solcher Ansatz erlaubt es, unabhängig von der Frage, ob ein bestimmter Bedarf ‚künstlich' erzeugt ist, gegen die Werbepraxis das Interesse an autonomer, souveräner Entscheidung ins Spiel zu bringen; und zwar immer dann, wenn Methoden und Techniken angewandt werden, die das (Kauf-) Verhalten der Konsumenten über Mechanismen zu steuern suchen, die nicht der Kontrolle des Individuums unterliegen.[32]

Um die Wirkungsweise von Methoden, die manipulativ genannt werden können, näher zu charakterisieren, kann man zunächst mit Horn darauf hinweisen, welch naive Vorstellung es wäre, anzunehmen, „der sicherste Weg, Menschen zum Kauf zu bewegen, bestehe darin, ihnen eine Ware genau zu beschreiben, ihre Qualität zu kennzeichnen, ihren Preis zu nennen, ihre Preiswürdigkeit anderen Waren gegenüber hervorzuheben und an das vernünftige Interesse des Käufers zu appellieren" (Horn 1971, S. 280).

Schon angesichts der alltäglichen Erfahrungen mit der Werbepraxis erscheint diese Vorstellung weltfremd. Als sehr viel wirksamer haben sich in vielen Fällen Werbemethoden erwiesen, die nicht Informationen über Produkteigenschaften in den Mittelpunkt der Werbebotschaft stellen, sondern sich über emotional gehaltene Appelle an „psychologische Triebkräfte" wenden. In der Werbung überwiegt die ‚unthematische Information', die nicht sach- sondern ausdruckshaltig ist und nicht das Faktenwissen des Umworbenen vermehrt, sondern ‚Zusatznutzen' konstituiert und Symbole liefert, mit denen er sich identifizieren kann (Abromeit 1972, S. 15).

Indem sich eine solche Werbung an Vor- und Unbewußtes richtet, sucht sie das kritisch-rationale Urteilsvermögen zu umgehen und seine Bedeutung für die Kaufentscheidung zu minimieren. Sie will eine „psychologisch kalkulierte Bindung an die Ware" (Horn 1971, S. 231) schaffen, indem sie psychische Wirkungszusammenhänge aktiviert, die dem Bewußtsein wenig zugänglich sind.

Voraussetzung für die Entwicklung und den Einsatz manipulativer Methoden war die Übernahme und Verwertung von Erkenntnissen aus der Soziologie und vor allem der Psychologie, die zeigen, daß menschliches Verhalten (auch) durch direkte Reiz-Reaktionsbeziehungen steuerbar ist, bei denen keine bewußte gedankliche Verarbeitung zwischen den dargebotenen Reiz und die resultierende Reaktion tritt. Solche Methoden eröffnen einen sehr viel ‚direkteren' Zugang zum potentiellen Käufer, weil sie willentlich gesteuertes Verhalten zurückdrängen zugunsten automatischer Reaktionen auf genau kalkulierte Auslöser. Zur Illustration sei hier nur ein inzwischen schon klassisches Beispiel erwähnt: „Die Werbewirkung von Packungen, Inseraten und Plakaten kontrolliert die McCann-Schwestergesellschaft Marplan unter anderem mit Hilfe der in den USA entwickelten ‚Augen-Kamera': einer viereckigen Holzbox von der Größe einer Kartoffelkiste. Durch einen Sehschlitz blicken die Versuchspersonen in die Kiste hinein, auf deren gegenüberliegender Wand Diapositive mit Pralinenschachteln, Biergläsern oder Schnapsflaschen gezeigt werden. Auf die Sehschlitze ist eine Spezialkamera gerichtet, die das Auge des Betrachters in jeder Sekunde zweimal automatisch knipst. Jedes emotionale Engagement bewirkt eine Veränderung der menschlichen Pupille: Beim Anblick eines Glases Bier oder einer Bikini-Schönen beginnt der Pupillensaum des betrachtenden Mannes zu flattern, und die Pupille vergrößert sich. Je mehr Zuspruch das Objekt findet, desto größer wird die Pupille.

Da die Reaktion des Auges durch Vorgänge im vegetativen Nervensystem des Gehirns bewirkt wird, ist der Einfluß des Willens ausgeschaltet. Emotionen sind meßbar wie die Zimmertemperatur oder der Nitritgehalt von Hackfleisch" (Der Spiegel, 17. 1. 1966, S. 46).

Wenn auch der Erfolg von Werbemaßnahmen kaum mit der Exaktheit vorhersagbar ist, wie es dieses Beispiel vielleicht vermuten läßt, so ist doch die prinzipielle Wirksamkeit von Methoden, die auf willentlich nicht steuerbaren einfachen Reiz-Reaktionsmustern aufbauen, kaum zu bestreiten.

Zur Illustration dieser allgemein gehaltenen Charakteristik manipulativer Methoden und Techniken in der Werbung kann ihre Wirkungsweise an Hand von drei Beispielen kurz skizziert werden:

Appell an Wünsche – Leitbildwerbung

Die Leitbildwerbung spielt dort eine besonders wichtige Rolle, wo sich die angebotenen Produktvarianten hinsichtlich ihrer Gebrauchseigenschaften und Qualitätsmerkmale faktisch kaum oder gar nicht voneinander unterscheiden. Um das Produkt von anderen positiv abzusetzen, wird es durch die Werbung im Bewußtsein der Konsumenten mit einem Leitbild verknüpft, das bei der bloßen Erwähnung des Produktnamens vor unserem ‚inneren Auge' auftauchen soll (vgl. Packard 1974, S. 36). Leitbildwerbung beruht darauf, die gruppenspezifischen Normen und Werthaltungen der in Frage kommenden Käuferschichten zu ermitteln, um diese, die Adressaten der Werbung leitenden Wunschvorstellungen in eine Beziehung zu dem angebotenen Produkt zu setzen. Mit der Wahl eines bestimmten Leitbildes für ein Produkt wird somit zugleich auch eine Vorentscheidung hinsichtlich der damit erreichbaren Zielgruppe getroffen, denn ein Leitbild stößt am ehesten bei den Personen auf Gegenliebe, die Züge ihrer eigenen (idealisierten) Persönlichkeitsstruktur darin wiederentdecken. Auf diese Weise gelingt es, „millionenfache Liebe zu dem Produkt (zu) entfachen" (ebda., S. 38).

Indem man solche allgemeinen Wunschvorstellungen der Verbraucher, die sich auf die äußere Erscheinung, die sexuelle Ausstrahlungskraft, das Familienleben, den Freundeskreis und einen bestimmten Lebensstil schlechthin beziehen können, zu Idealbildern formt und in der Werbung dem Produkt quasi die Fähigkeit zuspricht, zur Realisierung solcher Wunschvorstellungen beizutragen, wird dem Empfänger der Werbebotschaft suggeriert, er könne durch den Kauf des Produktes mehr erhalten als nur die Ware selbst. Verkauft werden nicht einfach Rasierwasser und Filterzigaretten, sondern ein bestimmtes Lebensgefühl wie etwa Freiheit oder Männlichkeit.

Appell an Ängste

Nicht nur Wunschvorstellungen allgemeinster Art bilden den Ausgangspunkt von Werbestrategien, sondern auch diverse Ängste. Dieser Bezug ist jedoch in reiner Ausprägung relativ selten zu finden, da der Appell an Ängste „‚nur in kleinen Dosen' verwendet werden darf, wenn nicht Abwehrreaktionen des potentiellen Käufers riskiert werden sollen" (Blume 1973, S. 198).

Die für Werbezwecke mobilisierten Ängste sind vielfältiger Natur: Beispiele für einen Appell an die Angst vor Alter, Krankheit, Tod, gesellschaftlicher Zurückweisung, sozialer Isolation und Liebesverlust finden sich in fast allen Bereichen der Konsumgüterwerbung. Das dieser Methode der Werbung zugrunde liegende Prinzip ist einfach, aber immer wieder erfolgreich: Es werden verbreitete, jedoch meist verdrängte Ängste gezielt angesprochen und zugleich wird der Eindruck erweckt, als biete der Konsum des angepriesenen Produkts Befreiung von dieser Angst. Daß dem Konsumenten hierbei eine Scheinlösung suggeriert wird, ist evident: Die Werbung ist darauf angewiesen, Mundgeruch oder Haarausfall für Phänomene wie die soziale Isolation und Vereinzelung von Individuen verantwortlich zu machen, um den Konsum von Zahnpasta und Haarwasser als ‚Lösung' anbieten zu können. Die Ursachen für angesprochene Ängste liegen aber sehr viel tiefer; und sie können deshalb durch den Gebrauch des angepriesenen Artikels auch nicht beseitigt werden.

Berufung auf Autorität

Den Titel ‚manipulativ' verdient auch der gezielte Verweis auf Autoritäten, mit dem die Konsumenten von der Qualität einer Ware ‚überzeugt' werden sollen. An die Stelle der Information über Produkteigenschaften tritt die Berufung auf ‚weithin anerkannte' Fachleute, Kenner und Experten, deren ‚qualifiziertes' Urteil das eigene Abwägen des Konsumenten ersetzen soll. Möglich wird der Einsatz solcher Strategien dadurch, daß der Durchschnittsverbraucher tatsächlich in vielen Fällen die qualitativen Eigenschaften eines Produkts – insbesondere wenn es sich um komplizierte technische Geräte oder um medizinische Präparate handelt – kaum noch beurteilen und vergleichen kann. Dieses Problem greift die Werbung auf und bedient sich dabei der weit verbreiteten Autoritätsgläubigkeit, die Wirksamkeit auch dann noch garantiert, wenn das ökonomische Interesse der ‚Experten' ins Auge springt oder ihr Urteil offensichtlich kaum qualifizierter sein kann als das jedes beliebigen Benutzers des Produkts.

Als urteilende Person tritt bei dieser Art von ‚Expertenwerbung' zumeist ein bebrillter ‚Weißkittel' mit energischen Zügen auf, der dem Stereotyp des sachlichen Wissenschaftlers entspricht, dessen Forschung dem Wohl der Menschheit und nicht den Zielen eines Wirtschaftsunternehmens dient. Der ‚Experte' zeichnet sich stets durch sonore Stimmlage und ruhige, bestimmte Sprechweise aus;

alles Momente, die Vertrauen erwecken sollen und dem (Vor-) Urteil über das Auftreten von ‚Kapazitäten' entsprechen. In einer weniger personalisierten Form umgibt sich die Reklame mit der Aura des ‚Objektiven' und ‚Gesicherten', wenn sie global auf die Autorität der Wissenschaft als sozialer Institution (‚wissenschaftlich getestet') oder auf einen respekteinflößenden Berufsstand (‚ärztlich empfohlen') verweist.

Insgesamt versucht eine solche Werbung den Eindruck zu erwecken, sie übermittle nur das Urteil von Fachleuten an den potentiellen Kunden, um ‚objektiv' zu informieren. Ziel ist es, den subjektiven, an partikulären Interessen eines Wirtschaftsunternehmens orientierten Standpunkt unkenntlich zu machen und für die Werbebotschaft eine Unabhängigkeit und Objektivität zu reklamieren, wie sie im Bewußtsein der Konsumenten etwa das Urteil unabhängiger Testinstitute besitzt.

Alle drei genannten Typen von Werbung sind auf manipulative Elemente angewiesen, wenn das auch nicht in jedem Fall so offenkundig ist, wie bei der für die Leitbildwerbung paradigmatischen Verknüpfung von Sexualobjekt und käuflichem Produkt, die sehr deutlich auf „reizgebundene Hormonausschüttungen" und die „Auslösung von verhaltenswirksamen Emotionen" zielt (vgl. Kroeber-Riel 1975, S. 394). Wo sich die Werbung ‚nur' kognitive Mechanismen in einer für den Umworbenen nicht durchschaubaren Weise zunutze macht, indem sie dafür sorgt, daß der Konsument mit dem Produkt unbewußt die Befreiung von elementaren Ängsten, familiäres Glück etc. verbindet, mag das Manipulative weniger auffällig sein, ebenso wenn Autoritätsfixierungen genutzt werden; aber prinzipiell ist der Vorgang der gleiche: Es wird versucht, das (Kauf-) Verhalten unter Umgehung des kritischen Urteilsvermögens der Individuen zu lenken.

Offenbar steht eine solche Kritik vor dem Problem der Abgrenzung manipulativer Methoden, denn zwischen dem rationalen Urteilsvermögen der Individuen einerseits und den mehr affektiv ansprechenden, triebhaft gesteuerten Schichten des Bewußtseins andererseits ist nicht klar zu trennen. Und es ist zu bezweifeln, daß der Versuch einer durch Rückgriff auf Theoriebestände der Psychologie legitimierten, schärferen Unterscheidung das Problem gänzlich beseitigen könnte. Letztlich kann hier nur wieder auf die Urteile der Individuen selbst Bezug genommen werden. Als Kriterium für die Abgrenzung zwischen manipulativen und nicht-manipulativen Methoden der Einflußnahme müßten demnach also die faktischen Urteile der Individuen darüber herangezogen werden, ob sie den Einsatz bestimmter Mittel der Beeinflussung als Appell an ihr kritisches Urteilsvermögen ansehen oder nicht. An dieser Stelle taucht dann natürlich das alte Problem von Marcuse wieder in neuer Form auf: Wie können die faktischen Urteile der Individuen kritisch sein gegenüber manipulativen Techniken, deren Einfluß sie doch unterliegen? Der Ausweg, hier nun auf Urteile abzustellen, wie sie unter contra-faktischen, idealen Bedingungen ausfallen würden, scheint mir keiner zu sein und er könnte leicht als Entschuldigung für das Einschleppen der ‚wahren' Bedürfnisse durch eine Hintertür mißbraucht werden. Die Suche nach archimedischen Punkten, von denen aus sich die Welt aus den Angeln heben lassen soll, verstellt leicht den Blick darauf, daß auch dann, wenn nur die Normen gelten, die man faktisch gelten läßt, genügend Raum für Kritik ist. Bezogen auf das angesprochene Problem heißt das: Es besteht die Vermutung, daß die Individuen sehr wohl über kritische Vorstellungen bezüglich der Regeln verfügen, die eingehalten werden müssen, damit sie Formen der Einflußnahme als nicht-manipulativ gelten lassen.[33] Und im übrigen spricht nichts dagegen, den Informationsstand der urteilenden und handelnden Subjekte durch Aufklärung über die Wirkungsweise von Werbebotschaften in der Absicht zu verbessern, der Entwicklung kritischer Maßstäbe kognitiven Vorschub zu leisten.

5. Konsumentensouveränität und Kritik der Werbung

Der skizzierte Gedankengang sollte zeigen, daß eine Kritik des Bedarfs als Kritik der Bedingungen seines Zustandekommens möglich ist, auch wenn man auf Konstruktionen verzichtet, durch die ‚oberhalb' der Individuen eine Beurteilungsinstanz für die

,Wahrheit' von Bedürfnissen etabliert werden soll. Am Beispiel der Konsumgüterwerbung erweist sich, daß auch und gerade auf der Grundlage des liberalen Interesses an Selbstbestimmung der Individuen und auf Basis der Norm, daß nur sie selbst ihre Bedürfnisse einer Beurteilung unterziehen sollen, eine solche Kritik möglich und notwendig ist.

Wenn nämlich die hier vorgeschlagene Interpretation der Forderung nach ,souveräner' Entscheidung der Individuen akzeptiert wird, so ist durch den Einsatz wirksamer manipulativer Methoden in der Werbung gerade diese Norm verletzt. Daß solche Methoden und Techniken angewandt werden, die auf eine Beeinflussung der Individuen unter Umgehung ihres kritischen Urteilsvermögens abzielen, kann, wie die Beispiele im vorhergehenden Abschnitt zeigen, kaum bestritten werden. Konsumentensouveränität – als normative Vorgabe verstanden – macht also eine Kritik der Werbung keineswegs überflüssig, sondern fordert sie heraus.

II.

Kommentare

Iring Fetscher

Was brauchen Menschen, um glücklich zu sein?

Von Theodor Fontane stammt ein Romanfragment mit dem Titel „Allerlei Glück". Das Sprichwort weiß, daß das Glück des einen nicht notwendig den anderen auch glücklich machen muß. In älteren Erzählungen hören wir davon, daß ein Fürst nach Ruhm und Feldherrenehre, der andere nach Reichtum, der dritte nach der Liebe seines Volkes gestrebt habe. Sie hatten offenbar unterschiedliche Auffassungen von Glück. Als ein noch nicht sechzigjähriger Admiral den General de Gaulle um seinen Abschied bat und als Begründung angab, „er wollte noch ein wenig das Glück des Pensionärs-Daseins genießen", antwortete der Stoiker de Gaulle: „Le bonheur? Ça n'existe pas!" Er konnte es sich leisten, ohne die Illusion eines privaten Glücks auszukommen, weil er seinen Lebenssinn in der politischen Tat gefunden hatte. Auf eine gewisse Weise war er glücklich, auch wenn er den Begriff wegen seiner üblichen Konnotationen ablehnte. Vermutlich reden diejenigen am wenigsten vom Glück, die mit ihrem Dasein zufrieden sind.

Diese Vielfalt von Glücksvorstellungen wurde im Lauf der Entwicklung kapitalistischer Industriegesellschaften immer stärker reduziert. Die formal gleiche Startbasis aller (das Fehlen von Privilegien) und die Reduzierung des sozialen Status auf den Besitz und das Einkommen veranlaßt immer mehr Menschen, ihr ‚Glück' vorwiegend oder sogar ausschließlich an ihrer *relativen* Position innerhalb der Besitz- und Einkommenshierarchie abzulesen. Glück wäre es, ganz oben angelangt zu sein, der Abstand von der Spitze der Pyramide ist dann allemal ein Gradmesser eigenen Unglücks. Aus dem allerlei Glück wird so mehr und mehr das ‚einerlei Glück', oder besser gesagt ‚einerlei Unglück'.

Was ich abstrakt beschrieben habe, wird von *Pier Paolo Pasolini* in einem Essay über „die anthropologische Revolution in Italien" anschaulich erläutert. Er schildert dort die Heraufkunft des ‚Consumismo', durch den alle traditionellen Subkulturen des bäuerlichen, subproletarischen und proletarischen Italien zerstört worden seien, um einer einzig monotonen konsumistischen Einheitskultur zu weichen:

„Der Zwang zum Konsum ist ein Zwang zum Gehorsam gegenüber einem unausgesprochenen Befehl. Jeder in Italien steht *unter dem entwürdigenden Zwang, so zu sein wie die anderen:* im *Konsumieren, im Glücklichsein, im Freisein;* denn das ist der Befehl, den er unbewußt empfangen hat und dem er gehorchen ‚muß', will er sich nicht als Außenseiter fühlen. Nie zuvor war das Anderssein ein so schweres Vergehen wie in unserer Zeit der Toleranz. Eins der Hauptmerkmale der *Gleichförmigkeit* in den Lebensäußerungen ist – neben der Verknöcherung des Sprachverhaltens (die Studenten sprechen wie gedruckte Bücher, die Jugendlichen aus dem Volk haben jegliche Kreativität im Gebrauch der Umgangssprache verloren) – die *Traurigkeit:* was sich fröhlich gibt, ist stets übertrieben, zur Schau getragen, aggressiv, verletzend. Die physische Traurigkeit, die ich meine, ist etwas tiefgreifend Neurotisches. Sie ist *Ausdruck einer gesellschaftlichen Frustration.* Heute, wo das vom Einzelnen erstrebte gesellschaftliche Verhaltensmodell nicht mehr von seiner eigenen Klasse vorgegeben, sondern von oben herab verordnet ist, sind viele *nicht mehr in der Lage, es für sich zu realisieren. Und das ist eine furchtbare Demütigung.*" (Pasolini 1978, S. 37f.)

Pasolini schildert dann den Typus des lachenden Bäckerjungen der Vergangenheit, der in seiner proletarischen Lebensform ‚glücklich' sein konnte, und vergleicht ihn mit den morosen Gestalten der zeitgenössischen Konsumgesellschaft. Dabei unterschätzt er freilich das Moment des verallgemeinerten Konkurrenzkampfs aller mit allen, durch das jene allgemeine Frustration und Traurigkeit vor allem bewirkt wird.

„Das bäuerliche und subproletarische Leben vermochte noch eine Art ‚realen' Glücks in den Leuten auszudrücken. Heute ist dieses Glück der ‚Entwicklung' zum Opfer gefallen. ... Sie schafft nichts als beklemmende Angst. ... Diese Jugendlichen sind traurig, weil sie – nachdem ihre Werte und ihre kulturellen Modelle zerstört wurden – sich *ihrer gesellschaftlichen Unterlegenheit bewußt* geworden sind." (a. a. O. 38)

Die von Pasolini so anschaulich beschriebene Frustration könnte auch durch einen sozialistischen Egalitarismus nicht überwunden werden, solange die Homogenität der Massenkultur beibehalten wird und Glück allein auf individuellen Erfolg sich reduziert. Das Streben nach individueller ‚Auszeichnung', das an die Stelle der Pluralität partikularer Lebenskreise und Lebensformen getreten ist, die miteinander gerade nicht konkurrierten, führt notwendig bei den meisten zu trauriger Frustration. Das Glück, das einmal individueller Aufstieg innerhalb einer hierarchischen Gesellschaft für wenige Einzelne vermitteln konnte, ist seinem Wesen nach gerade nicht generalisierbar. Wenn Menschen auf *eine* Art von ‚Glücksuche' verwiesen werden, bei der sie ihre Selbstachtung und ihre Würde verlieren müssen, kann man nicht gut von Glück und Befreiung reden. Die ‚Entwicklung' (der ‚Fortschritt') wird daher von Pasolini zu Recht in Anführungszeichen gesetzt.

Wenn sich früher nur die Personen innerhalb eines ‚Standes' oder einer begrenzten Berufsgruppe miteinander verglichen: der Dichter mit dem Dichter, der Goldschmied mit dem Goldschmied, der Schneider mit dem Schneider, der Müller mit dem Müller – und damit weit weniger Grund zu Unzufriedenheit mit dem eigenen Schicksal vorhanden war, weil es so viele gab, die ‚an erster Stelle' sich wähnen konnten, zumal es keinen eindeutig quantifizierbaren Maßstab gab, wird mit der quantifizierbaren Reichtumsmessung und dem freien Konkurrenzkampf aller mit allen jedermann zum Bezugspunkt für jedermann. Das Leben verwandelt sich in einen Wettlauf, wie ihn Thomas Hobbes schon vor mehr als dreihundert Jahren in seinen „Elements of Law" beschrieben hat:

„Der Vergleich eines Menschenlebens mit einem Wettrennen ist nicht in jedem Punkte zutreffend, eignet sich aber für unseren Zweck so gut, daß wir dadurch fast alle vorher erwähnten Affekte sehen und uns ihrer erinnern können. *Dieses Rennen darf aber kein anderes Ziel, keinen anderen Ruhm als den kennen, an erster Stelle zu stehen,* und darin ist ... Streben, den nächsten zu überflügeln, Eifersucht ... Einen anderen plötzlich fallen sehen, Neigung zum Lachen; ... Jemand siegen sehen, von dem wir dies nicht wünschen, Entrüstung ... *Stets den nächsten vor uns besiegen, Glück* ..." (Naturrecht und allgemeines Staatsrecht in den Anfangsgründen, ed. Toennies, Berlin, 1926, S. 77)

Wenn aber das Leben ein Wettlauf ist, dann kann das Ausmaß von Glück und Zufriedenheit sich solange nicht verändern, wie es nur *ein* Ziel und auch nur *einen* Sieger (und wenige gut Plazierte) gibt. An diese Einsicht tastet sich die Studie von *Dieter Birnbacher,* „Was wir wollen, was wir brauchen und was wir wollen dürfen" behutsam heran (s. o. S. 30). Ich möchte die Ergebnisse seiner Überlegungen lediglich von einer anderen Seite her unterstreichen und bestätigen.

Die Tatsache, daß der Prozentsatz von ‚Unzufriedenen' in den modernen Massengesellschaften auch bei einer Verdoppelung der Reallöhne nicht sinkt und daß gleichzeitig das Streben nach Einkommenserhöhung unvermindert anhält, verweist auf einen Widerspruch in der Struktur der Konkurrenz-, Leistungs- und Prestige-Konsum-Wettbewerbs-Gesellschaft selbst. Diesen Widerspruch hat unlängst *Fred Hirsch* in seiner Arbeit ‚The Social Limits to Growth' (Hirsch 1976) ausführlich dargelegt. Sein Argument kann auf folgende Grundgedanken reduziert werden: Neben den materiellen Gütern, die wir zur Fristung unseres Lebens benötigen, spielen bei wachsendem allgemeinem Wohlstand die ‚positionellen Güter' eine immer größere Rolle. Das sind Güter, an denen wir uns nur in dem Maß freuen, wie sie uns einen ‚Vorsprung' gegenüber anderen verschaffen, wie ihr Besitz uns gleichsam ‚auszeichnet'. In einer egalitär-demokratischen Gesellschaft, in der so gut wie nichts als Besitz Rang und Ansehen verschafft und in der – auf der anderen Seite – bis auf eine verschwindend kleine Minderheit die meisten Menschen auf Einkommen durch Arbeit angewiesen sind, spielen daher Güter, die als *Statussymbole* fungieren können, eine ständig wachsende Rolle. Das Wachstum der Wirtschaft ist sogar darauf angewiesen, daß die Nachfrage nach Prestige verschaffenden Gütern ständig zunimmt, und die Werbung spekuliert daher immer wieder auf den Neid, das Bedürfnis nach ‚Auszeichnung' usw. Zugleich fällt aber notwendig der Wert eines Prestige-Gutes in dem Maße, wie es von mehr Personen innerhalb einer Gesellschaft erworben werden kann. In einem industriell wenig entwickelten Land kann der Besitz eines schlichten Gebrauchswagens mehr Prestige vermitteln als in der Bundesrepublik der eines neuen großen Mercedes. Eine Reihe von Gütern (und Diensten) kann aber einfach nicht über eine bestimmte Grenze hinaus vermehrt werden: z. B. ein ruhiges Wohnhaus im Grünen, aber doch in Stadtnähe. Je mehr Menschen nach einem solchen Gut streben, desto höher wird sein Preis (angesichts absolut begrenzter Verfügbarkeit von Boden) oder desto weiter fällt sein ‚Prestigewert' und sein Nutzen (bei Besiedlung stadtfernerer und minder reizvoller Gegenden). Der Späterkommende wird notwendig frustriert. Um ‚glücklich' zu sein, muß er sich z. B. der Illusion hingeben, er sei nun auch ‚Parkbesitzer', und die Grundstücksmakler passen sich seinen Illusionen gerne an, indem sie schon bei Grundstücken von 500 qm von ‚parkartig angelegten Gärten' sprechen.

Für das notwendig enttäuschte Streben nach immer neuen ‚positionellen Gütern' sind wesentliche Verlagerungen des Selbstbewußtseins und der Selbstdefinition der Menschen verantwortlich zu machen. Verlagerungen, die mit dem Strukturwandel der neuzeitlichen Gesellschaft zusammenhängen und deren verhängnisvolle Konsequenzen wir heute auf vielen Gebieten beobachten. Hegel hatte sicher recht, wenn er das *Bedürfnis nach Anerkennung* als ein für den Menschen charakteristisches Grundbedürfnis ansah. Im Unterschied zum Tier genügt den Menschen die bloße Garantie ihres physischen Überlebens nicht. Wichtiger noch als dieses ist ihnen das ‚Anerkanntwerden', so daß sie – im Fall des Modells von ‚Herr und Knecht' – sogar ihr eigenes Leben einsetzen, um dieses wichtige Ziel zu erreichen. Erst die Reflexion des zum Selbstbewußtsein erwachten Knechts führt dann zu der Einsicht, daß die physische Existenz in der Tat ebenso unentbehrlich ist wie die Anerkennung (als naturüberlegenes humanes Wesen). Vielleicht ist die industrielle Menschheit heute kollektiv an einem Punkt angelangt, wo sie zu einer ähnlichen – zur Umkehr zwingenden – Einsicht kommen muß.

In einer nicht mehr feudalen – auf dem blutigen Prestigekampf beruhenden – Gesellschaft verlagert sich das Streben nach Anerkennung hin zur *Leistungs-Konkurrenz*. Die bürgerliche Wertung setzt an die Stelle des todesmutigen Kämpfers den erfolgreichen Produzenten, Erfinder, Künstler, Händler. Damit war zunächst eine großartige Befreiung humaner Kreativität verbunden, wie sie die Renaissance mit der Geburt der selbstbewußten individuellen künstlerischen und wissenschaftlichen Leistung gebracht hat. Auch hier begegnen wir noch einer Vielfalt von Glücksarten. Das Glück besteht vor allem im Schaffenkönnen und in der Anerkennung des Geschaffenen. Praktisch mag das freilich auch damals nur für eine relativ kleine Minderheit der Bevölkerung gegolten haben, während die große Mehrheit ihren Lebenssinn im schlichten Erhalten und Fortsetzen des Bestehenden erblickte oder ganz mit der Mühsal des Überlebens beschäftigt war.

Neben die Anerkennung, die durch eigenes Tun vermittelt war, trat aber bald auch die durch Reichtum verschaffte. Solange die feudale Ständegesellschaft gewisse Rangstufen oberhalb und außerhalb des allgemeinen Wettbewerbs um Anerkennung hielt, war jedoch dieser Kampf noch gedämpft. Ererbter Adel und Erbmonarchien wurden als gegeben oder gottgewollt hingenommen, und niemand brauchte sich deshalb unglücklich zu fühlen, weil er nicht zu den privilegierten Schichten gehörte. Jedenfalls brauchte diese Tatsache sein Selbstbewußtsein nicht zu belasten. Wenn er nicht König oder Herzog war, so lag es nicht *an ihm*. Aus einem ähnlichen Grunde gab es noch in den großen europäischen Monarchien vor dem Ersten Weltkrieg zumindest eine doppelte Rangordnung – eine nach dem Adelskalender sich richtende und eine nach dem Steuerkataster. Mit Hilfe von sehr viel Geld war es zwar möglich, von der einen in die andere Hierarchie überzugehen, aber doch mit erheblicher Verzögerung und auch nie vollständig. Bestimmte Berufe aber, die – wenn auch nicht vollständig – dem Adel vorbehalten waren, verschafften unabhängig von ihrem (relativ ungenügenden) Diensteinkommen Ansehen und Ehre: der Offiziersberuf (jedenfalls in manchen Regimentern) und die Diplomatie zum Beispiel; aber auch der Beruf des höheren Beamten (in Preußen oder Österreich). Durch diese Vielzahl von Hierarchien wurde der Wettlauf nach der Spitze der Pyramide diversifiziert und die Last für die Nicht-an-die-Spitze-Kommenden vermindert. Ein Angestellter in einer großen Firma konnte sich stolz sagen, daß er jedenfalls mehr verdiente als der Gerichtsassessor, der auf der anderen

Seite sogar auf den reichen Fabrikanten herabsah, der weder königlicher Beamter noch Korpsstudent war. Diese Gesellschaften waren unegalitär, und es gab in ihnen weit mehr materielles Elend als heute. Dennoch war vermutlich die Frustration der mittleren und unteren Einkommensschichten nicht so groß wie heute. Einmal weil ein Teil der hierarchischen Verhältnisse als ‚unvermeidlich' oder ‚natürlich' hingenommen wurde, zum anderen, weil es eine Vielfalt von Hierarchien gab und daher mehr Menschen sich als relativ weit oben einschätzen konnten. Dabei habe ich hier die Intellektuellen, Wissenschaftler und Künstler noch ausgeklammert, die keineswegs mit Adel oder Besitzbürgertum konkurrierten, sondern allein untereinander – und in bezug auf den mehr oder minder verachteten Rest der Gesellschaft – sich verglichen. Dabei konnte jede der erwähnten Gruppen gerade durch ihre Absonderung von der anderen ihren Gruppenmitgliedern noch ein apartes kollektives Selbstbewußtsein und Ansehen verschaffen.

Erst wenn sozialer Rang im allgemeinen und individuelle Leistung (ganz gleich auf welchem Gebiet) ausschließlich am Maßstab von erworbenem Besitz und Einkommen gemessen werden, wenn sich die Mehrzahl der Menschen nur noch nach Maßgabe des relativen Einkommens und/oder der relativen Konsumchance beurteilt, bekommen die ‚positional goods', von denen Fred Hirsch spricht, eine exzessive Bedeutung. Es war daher nur konsequent, daß für die Freisetzung der Dynamik der industriekapitalistischen Gesellschaft die formelle Nivellierung gefordert wurde. Standesunterschiede, die bestimmte soziale Ränge vom allgemeinen Wettbewerb ausnehmen, bremsen den produktionsfördernden Prestigekonsum (als solcher erscheint z. B. die bis vor kurzem noch behauptete Weigerung der Firma Rolls Royce, an bestimmte Personen ihr neues Fahrzeug zu verkaufen, offensichtlich ein Verstoß gegen das Prinzip der Wirtschaftsordnung und eine Selbstschädigung).

Meine Hinweise auf Gesellschaften mit einer Vielzahl von nebeneinanderstehenden und untereinander nicht voll konkurrierenden Hierarchien waren nicht nostalgisch gemeint. Sie sollten lediglich zeigen, daß der schon von Hobbes geschilderte Wettlauf erst im 20. Jahrhundert zu einem Wettlauf eines jeden gegen jeden sich entwickelt hat und daß notwendig erst damit (und mit der Einführung eines einzigen, einheitlichen Maßstabs) das Dilemma entstand, das Fred Hirsch so anschaulich beschreibt. Dieses Dilemma besteht darin, daß die dynamische Wirtschaftsgesellschaft allen verspricht, daß sie ‚morgen glücklich sein und an der Spitze stehen werden', daß sie aber mit noch so viel Dynamik dieses Versprechen prinzipiell nicht einlösen kann. Das Glück, das sie verspricht, beruht wesensnotwendig auf dem ‚Unglück' anderer. Noch die Verheißung des ‚Bedientwerdens' kann nur auf Kosten von Bedienenden erfüllt werden (wie sie heute allein in halbkolonialen Gebieten der Erde Europäern fast aller Einkommensklassen angeboten wird). Die Freude am ‚exklusiven Besitz' hört in dem Augenblick auf, wo die Exklusivität allzu offensichtlich erlogen ist. Das Dilemma der ‚positionale Güter' anbietenden und Glück verheißenden Gesellschaft wird in dem Augenblick vollends offenbar, wo die Expansion der Warenproduktion Umwelt und Lebensgrundlagen bedroht und damit das in eine unendliche Ferne gerückte Ziel als prinzipiell unerreichbar zugegeben werden muß. Die faktische Ungleichheit der formal-rechtlich egalitären Gesellschaft wurde solange (wenn auch mit Murren und unter Stöhnen) akzeptiert, als das Versprechen ‚morgen wird es Dir auch so gut gehen wie Herrn X und Frau Y' von der Mehrheit geglaubt wurde. Die Glaubwürdigkeit muß schwinden, wenn das Wachstumstempo vermindert und/oder die Erfindungsgabe auf Ziele des Gleichgewichts mit der natürlichen Umwelt und die Herstellung dauerhafter Produkte umgelenkt wird, wie es heute im Interesse der Menschheit (in den Industrienationen) notwendig erscheint. Ein (vermutlich weithin unbewußter) Grund für den Widerstand gegen dieses Umdenken dürfte in der Tatsache liegen, daß dann die soziale Spannungen erträglich machende Vertröstung auf das bessere Morgen (die Anhebung der Einkommensverhältnisse) wegfällt. Robert Heilbroner hat für die westliche, Wolfgang Harich für die staatssozialistische Welt vermehrte staatliche Reglementierung und Kontrolle als unvermeidliche Konsequenz aus dieser Entwicklung angesehen. Beide haben unter der Voraussetzung recht, daß es nicht gelingt, an die Stelle der Glücksverheißung durch gesteigerten Prestigekonsum reale und erfahrbare Formen der Anerkennung und Bestätigung der Menschen (d. h. aber letztlich des ‚Glücks') zu setzen. Die von Dieter Birnbacher geforderte „Entkoppelung von wirtschaftlicher und nicht-wirtschaftlicher sozialer Belohnung", d. h. die Wiederherstellung einer Mehrzahl von ‚Belohnungshierarchien' anstelle der einzigen (ökonomischen) führt in diese Richtung. Mir scheint auch, daß er vollkommen recht hat, wenn er hier ein Vorangehen sozialer Eliten (etwa von Künstlern, Wissenschaftlern usw.) verlangt. Es wäre gut, wenn funktionale Eliten in der Wirtschaft diesem Vorbild folgen würden. An die Stelle des vor einiger Zeit in den USA so gefeierten ‚Konsumpioniers' könnte dann der Askesepionier treten, wobei aber unter ‚Askese' lediglich der Verzicht auf ohnehin sinnlos gewordene Formen des Prestigekonsums verstanden werden müßte.

Um ‚glücklich' zu sein, bedürfen die Menschen der Anerkennung, und um anerkannt zu werden, müssen sie tätig sein können. Wichtiger als eine ständig wachsende Konsumchance ist daher die Bereitstellung *befriedigender Betätigungs-Chancen*. Vor allem aber ist der Bewertungsmaßstab für menschliche Tätigkeiten von der warenförmigen Geldentlohnung wieder zu lösen. Diese so gut wie ausschließliche Geldbewertung hat zu einer Entindividualisierung und zur Nivellierung geführt. Was nicht als käuflich angesehen werden konnte, war auch ‚nichts wert'. Leistungen, die allein prämiert wurden, waren solche, mit deren Hilfe man Geld verdienen konnte. Freundlichkeit, Güte, Hilfsbereitschaft zum Beispiel verkümmerten zu marginalen Verhaltensformen, und wer sie ohne Not erbrachte, galt als ‚dumm' und ‚von gestern'. Da die Arbeit nur wenigen Befriedigung und Anerkennung verschaffte, suchten die meisten im Gebiet des Prestige-Konsums krampfhaft nach Ersatz. Auch die Beziehungen der Geschlechter (und der Individuen überhaupt) waren und sind dadurch belastet. Die eine Frau, der eine Mann soll durch seine totale, vorbehaltlose Anerkennung das wieder heilen, was die Welt insgesamt dem Individuum angetan hat. Da kaum ein Mensch einem anderen so viel zu geben vermag, scheitern Zweierbeziehungen, aber auch größere Gruppen sind damit überfordert. Menschen bleiben infantil, weil sie in den großen bürokratischen Unternehmungen nie zu selbstverantwortlicher und sich-selbst-bestimmender Tätigkeit gelangen und auf Dauer von einer ihr Leben umfassend regelnden Organisation abhängig bleiben. Der ‚narzißtische Charakter', der die ganze Welt als ‚Spiegel seines Selbst' begreift und daher – weil ihm dieser Spiegel inadäquat erscheint – sich der Welt verweigert, ist das Produkt der bürokratisierten Welt (Richard Sennet) und der bevorzugte Adressat der für psychische Zustände höchst sensiblen Werbeindustrie: ‚Verwöhnen Sie sich einmal – gönnen Sie sich . . .!' Befriedigung schrumpft tendenziell zur Selbstbefriedigung, und noch in den Beziehungen der Geschlechter wird das ‚Du' nur als Mittel zur Befriedigung des ‚Ich' angesehen. Daher auch die triste Auffassung der Liebe in Sartres ‚Sein und Nichts': ‚Lieben ist Geliebt-werden-Wollen' und kann daher nie ans Ziel gelangen, weil der liebende Andere auch nur ‚geliebt werden will'.

Das Glück, von dem de Gaulle sagte, daß es nicht existiert, scheint mir in dieser verzweifelten Suche nach Geliebt-werden und nach Prestigekonsum zu bestehen. Die reale Möglichkeit von Befriedigung aber läge im Tun für andere (nicht im Konsumieren für sich), im Schenken und Sich-Hingeben (nicht im An-Sich-Raffen und Haben). Im Sinn Herstellen und produktiv Erfahren statt im Verlangen nach ‚Lieferung von Sinn' (wobei sich schon zahlreiche Schwindelfirmen um die Beschaffung bemühen). Man braucht solche Forderungen nur zu formulieren, um zu begreifen, wie sehr sie im Widerspruch zu den Tendenzen der modernen Industriezivilisation stehen. Ohne eine Umkehr in einer solchen Richtung, so scheint mir aber, kann auf die Dauer keine Lösung für unsere Probleme gefunden werden.

Zeyde-Margreth Erdmann

Unmittelbar im leeren Raum

Ein Beitrag zur Bedürfnis-Bildung

> Ästhetische Erziehung – als Bildung (also nicht als Manipulation) der Wahrnehmung und Erlebnisfähigkeit verstanden – ist, soviel ich sehe, die entscheidende Voraussetzung dafür, daß wir eine Chance bekommen, die Umweltprobleme und die der Grenzen des Wachstums längerfristig zu lösen, nämlich durch Bedürfnis-Bildung ... Bedürfnis-Bildung im Sinn einer wahrnehmenden Verantwortung oder verantwortlichen Wahrnehmung unserer Umwelt geht zwar wesentlich über den herkömmlichen Horizont unseres Bildungssystems hinaus, ist aber diejenige Perspektive der Veränderung unserer Nachfrage- und Bedarfsstrukturen, die auf längere Sicht handlungsleitend werden müßte, wenn wir unsere Lebensgrundlagen nicht zerstören und ein menschliches Verhältnis zur Natur – sowie ein natürliches Verhältnis zum Menschen – gewinnen wollen.
>
> (*Klaus M. Meyer-Abich,* s. o. Seite 76)

Neu einziehen in meinen Arbeitsraum. Noch ist er total ausgeräumt, leer, die Weißbinder sind gerade fortgegangen, haben ihre Arbeit beendet. Das Licht erscheint mir grell, die Wände nackt, die Akustik überdimensional ... der ganze Raum wie ausgeliefert; es fehlt mir alles, was über die bloße Umgrenzung eines Raummaßes hinausgeht. Es ist mein Raum, aber so leer wie jetzt sind mir die Wände zu nah, und sein Inraum ist hohl. Im Verweilen besinne ich mich darauf, was ich hier um mich haben will, um darin leben und arbeiten zu können. Ich möchte nichts hereinnehmen in diesen Raum, was nicht mit mir lebt. Nichts, was mir zu leben nicht vollen Freiraum läßt. Verdichten durch weglassen, denke ich. „Kunst ist Weglassen", sagt Max Liebermann.

Ich denke an die Probebühne des Theaters: ein leerer Raum, Zutritt nur für die an der Probe Beteiligten. Markierungen genügen für den Probenprozeß. Der Raum verändert sich während des Spiels, ohne daß irgendwelche Einrichtungen gebraucht werden. Es geschieht alles im Erleben, im Realisieren von Ereignissen, welche vorher lediglich in der Phantasie, im Text entworfen waren. „Das Unzulängliche, hier wird's Ereignis." Der Proben-Raum ist leer, wenn er von Menschen verlassen ist, und er wird von Leben erfüllt, sobald hier ein Mensch anfängt, im Spiel zu leben.

In meinem Arbeitsraum geschieht Psychotherapie. Es kommen Menschen zu mir, einzeln oder in Gruppen, die sich in Lebenssituationen befinden, welche sie bedrücken, welche Erkenntnis, Ausrichtung erfordern ..., die einen Ausweg aus der Not, ihren Weg suchen. Das Bedürfnis nach neuem Erleben ist groß. Was darf, was sollte in solch einem Arbeitsraum sein – für diese Suchenden und für mich? Ich bin den ganzen Tag in diesem Raum, fange nicht erst abends an zu leben, wenn ich in meinem Privatraum bin.

Wieder denke ich an den leeren Probenraum des Theaters, in welchem alles geschehen kann: Identifikationen, Rollen, Identität, Kommunikation, Veränderung, Erkenntnis, Führung, Herausforderung, Not-Wende, Freude, Schmerz, Befreiung, Verdichtung, Sehnsucht, Verlassenheit, Aggression, Angst, Gemeinsamkeit, Einsamkeit, Geborgenheit, Verzicht ... Weinen und Lachen, Dasein, Er-leben. Der Raum läßt hier alles zu, und wenn der Raum verlassen wird, ist er frei für die nächste ‚Probe'. Stühle stehen bereit. Was ist noch vonnöten?

Nein, leer will ich meinen Arbeitsraum nicht haben. Ich will hier auch nicht ‚probieren', ich habe keine bereits gestaltete Vorlage in der Hand, welche in vorgeplantem Zeitablauf erreicht werden sollte. Ich habe nichts in der Hand zu Beginn, es beginnt in der Unmittelbarkeit der Begegnung mit dem anderen. Ist hierfür die Einrichtung des Raums wichtig oder unwichtig? Der andere kommt zu mir, ich übernehme eine berufliche Funktion, und ich bin im Jetzt/Hier ich selber mit allem, was ich bis hierher erlebt, erfahren und erlernt haben. Für den Eintretenden ist Freiraum notwendig, in welchem alles im Jetzt/Hier geschehen kann, was will und der Ausrichtung entspricht, was ‚auf dem Wege bleibt'. Und wenn dieser Mensch zur Tür hinausgeht, bleibe ich, und wenn der nächste geht, bleibe ich. So wie ich als Person dem anderen gegenüber bin – nicht privat –, so verbringe ich auch mit dem, was mir persönlich notwendig zum Leben erscheint, den Tag in diesem Raum – und in dieser Offenheit will ich dem anderen begegnen. Die Proben der Schauspieler erfordern eine andere Art ‚leeren Raum': hier werden Rollen geprobt, angenommen und wieder abgelegt. Requisiten und Kostüme werden im Prozeßverlauf der Gestaltung in eine andere Art Erlebnisebene transformiert – und am Ende wird das Material abgelegt, der Raum und das Material bleiben anonym. Mir geht es um meinen persönlichen Arbeitsraum, aus welchem ich mich am Abend wieder herausnehme. Was brauche ich notwendig um mich, während ich meinen Beruf ausübe? „Bedürfnis-Bildung im Sinn einer wahrnehmenden Verantwortung und verantwortlichen Wahrnehmung unserer Umwelt ..."

Das Bilden, die Bildung eines Bedürfnisses erfordert ein Freiwerden von allem Überflüssigen, ein Entlassen, Verzichten auf das, was den Raum unnütz auffüllt, beengt, verstellt, was Freiraum zum Verändernkönnen nimmt, was lähmt, träge macht, anhängt, was Bewegung hemmt, was Lebensraum nimmt. Wieder entdekken, wessen ich wirklich bedarf! Das alles hat mit meinen Arbeitsprozessen zu tun, mit dem, was in meinem Arbeitsraum geschieht. Auch ich bedarf dieser Prozesse, indem ich den anderen begleite. Weglassen, Freiraum schaffen für den anderen und mich in diesem Raum. Und was möchte ich hineinnehmen, was unseren Prozeß zuläßt, was ihn unterstützt statt lähmt, was ihm dient, ihn fördert, ohne selbst Ausrichtung oder Beeinflussung zu geben? Veränderung durch Erleben, Erfahren, Erkennen im Jetzt/Hier, bis hin zum Umverhalten in der Realität der eigenen Umwelt. Bedürfnis-*Bildung* gehört in meinen Arbeitsraum hinein.

Ich hole ein Bild von Bruno Erdmann herein, ein Ölbild, das mich seit vielen Jahren begleitet hat; ein Bild, welches mir lebendig geblieben ist und mit seinem Wesen im Raum wirkt, Stille, Wärme, Sehen vermittelt und den Blick nicht bindet. Ich hänge es an seinen alten Platz, wo es Raum um sich hat, und wo das Tageslicht vom Morgen zum Abend Veränderungen in Form und Farbe bewirkt. In den letzten Jahren hatten hier andere Bilder gehangen; jetzt sehe ich diese Malerei neu. Wie erlöst empfinde ich die Veränderung, welche mit dem Herausnehmen dieses Kunstwerks in den Raum geschehen ist: die Wand ist nicht mehr tot, Abgrenzung; es wird eine andere Dimension der *Wand* wahrnehmbar: Schutz, Abschirmung und Möglichkeit der Raumerweiterung durch Phantasie, durch Erleben dieser Malerei. Ich suche nach weiteren Bildern, welche meinem neuen Raum neue Dimensionen erschließen mögen. Ich möchte, daß die Bilder stimmen, zueinander und unabhängig voneinander, daß sie dem Raum Möglichkeiten der Belebung, Eröffnen geistiger Prozesse der Phantasie, sowie Stille und Zurückhaltung durch ihr Dasein vermitteln.

Ich habe das Bedürfnis, einen Maler in seinem Arbeitsraum zu besuchen, in seinem Atelier. Erspüren, was hier im Entstehen ist. Das Unfertige auf mich wirken lassen, schweigen. Fragen werden wach. Ins Gespräch kommen. Suchen, ohne festes Ziel. Fertiges entdecken. Eine Weile unterwegs sein dürfen in der Stille solches Arbeitsraumes. „Es gibt verschiedene Arten von Stille: in der Malerei ist sie anders als auf der Bühne, und wieder anders ist die Stille der Natur", habe ich einmal aus einem Atelier mitgenommen. Und: „Wir Maler brauchen Formen, welche atmen und sich verändern können ..."

Es ist einige Monate her, seit ich zuletzt im Atelier von Raimer Jochims war. Vielleicht finde ich bei ihm etwas, was in meinen neuen Raum gehören könnte. Ich bin auf einer Spur, suche etwas, was meinen Raum belebt, erweitert, vertieft und nicht festlegt. Es ist mein Bedürfnis, außer dem für meine Arbeit notwendigen warmen, ruhigen Teppichboden und bequemen Sitzgelegenheiten, nur ein paar Kunstwerke darin zu haben.

Ende Januar, an einem Vormittag, es ist gutes Licht zum Sehen der Bilder im Atelier von Jochims. Im Vorraum, der durch einen quer durchs Atelier gezogenen großen Vorhang abgeteilt ist, liegen unbehauene Steine herum, das fällt mir auf. Hinter dem Vorhang, auf der Fensterseite des großen Ateliers, steht seine Staffelei. Er arbeitet gerade an einer Zeichnung. Ich darf mich umsehen, mir Zeit lassen. In einer Werkstatt zu sein, in der mit Materie geistige Prozesse passieren, ist aufregend. Im Vorraum lagen noch Steine herum; hier sehe ich verschiedene bereits bearbeitete Steine auf dem Boden liegen, so als lägen sie in einer Beziehung zueinander. An diesen Steinen ist etwas geschehen. Im wahrsten Sinne des Wortes ‚lapidar' liegen sie dort, setzen sie Schwerpunkte. Ich erinnere mich, daß ich letztesmal hier im Atelier auch schon einzelne Steine habe liegen sehen, auch, daß Jochims damals von seiner Entdeckung dieser Arbeit an Steinen erzählt hatte und dabei engagiert war. Ich sehe jetzt wieder die erstaunliche Farbigkeit ihrer Oberfläche, die mir damals aufgefallen war. Bald aber hatte ich mich dann den Bildern zugewandt, die mich bewegten, deretwegen ich gekommen war. Einmal bin ich sogar über einen Stein gestolpert, was mir sehr peinlich war, was ich als respektlos empfand. Das fällt mir jetzt wieder ein.

Inzwischen hatte ich diese Steine völlig vergessen. Jetzt komme ich nicht von ihnen los, was ist das? Grauer Granit, roter Granit, Basalt, Sandstein ... die Oberfläche wirkt frisch, als sei der Stein gerade geboren, sage ich. Jochims erzählt mir, wie er einen Stein bearbeitet und was er erstrebt: Er klopft die rohe Oberfläche mit einem Hammer ab, jede Stelle, erspürt sie, folgt der dem Stein eigenen Gestalt, und holt sie auf diese Weise heraus; er verändert den Stein also nicht für eine Bildhauerei, sondern deckt auf, setzt frei, was er eigentlich im Lauf seiner Geschichte geworden ist. Die Umwelteinflüsse, die an ihm hängen: Erde, fremdes Gestein usw. klopft er ab, und sein Wesen, seine ihm gewordene Form erscheint. „Nicht jeder Stein hält, was er verspricht", sagt Jochims. „Es ist wie mit Studenten: was bei manchen zunächst als Begabung erscheint, fällt manchmal völlig zusammen, wenn man sie von verschiedenen Seiten ‚beklopft' – sie besitzen keinen inneren, ihnen eigenen Widerstand, der vermutete *Kern* zerfällt in nichts. So auch mancher Stein, wenn ich ihn von seiner ihn umgebenden ‚Haut' befreie. Aber diese Steine hier haben gehalten, was sie versprachen." Es ist ein Vorgang wie eine *Geburt* aus der Erde, meine ich. Der Stein ist ein Stück unserer Erdgeschichte, uralt.

Ein grauer Basalt bindet meine ganze Aufmerksamkeit, mit dem Näherhinsehen und mit dem Abtasten werde ich von diesem Stein außerordentlich bewegt. Ich erkenne in ihm eine ruhige, große gleitende, starke Bewegung – wie die eines Delphins, welchen ich seit Urzeiten zu kennen glaube. Woher kommt dieser Stein? Jochims erzählt mir die Geschichte und seine Erfahrung mit ihm: Dieser Basalt lag nahe der Ostsee bei Timmendorf in einem Waldstück; eigentlich gibt es dieses Gestein dort nicht, der Basalt könnte aus Norwegen stammen und zur Eiszeit mit der Endmoräne hier liegen geblieben sein, meint Jochims. „An diesem Stein war nicht viel für mich zu tun. Das wußte ich gleich, als ich ihn sah. Seine Gestalt war mir deutlich erkennbar von Anfang an. Bis ich mich herantraute, ihn zu bearbeiten, dauerte es eine Weile. Es bedurfte der Vorsicht, nicht zu viel wegzunehmen. Und dann war es in ein paar Monaten geschehen. Bei diesem Stein war ich von Anfang an sicher. Ich spürte beim Klopfen seiner eigenen Form nach, machte jede Einkerbung oder Erhöhung, Fläche, Rundung mit . . . hier ist eine kleine Narbe, ich habe sie ihm gelassen und ihm integriert." Diese dem Stein eigene Form, aus einer im Lauf der Erdgeschichte geschehenen Bewegung entstanden, ist sein Geheimnis: seine Wirkung kommt aus ihm selber, und Jochims hat den Stein zu seiner Wirkung gebracht. „Mich interessiert der Stein an der Grenze, d. h. der frei gewordene, der auf der Erde liegt . . . der schon Geschichte durchgemacht, der Form gewonnen hat. Mich interessiert nicht der Stein im Steinbruch, der noch keine eigene Form gewonnen hat." Dieses Arbeiten am Stein ist ein anderer Vorgang als eine Stein-Bildhauerei, zu welcher das Gestein benutzt wird, nämlich zur Gestaltung nach einer Idee des Künstlers, der mit dem Material Stein arbeitet. „Das Herausschälen der Form aus der verkrusteten Oberfläche, welche die der Materie innewohnende Schwingung freilegt ... Materie ist Energie." Dieses ist mein Stein, sage ich, ich möchte ihn besitzen, mit ihm leben. Jochims wollte ihn gerade in eine Ausstellung geben, alle diese Steine, deshalb liegen sie hier schon versammelt. Jetzt denke ich: wo könnte der liegen in meinem ‚neuen' Arbeitsraum? Auf dem Boden? Den brauche ich frei, insbesondere für meine Gruppen. Der Stein darf den Raum nicht besetzen, nicht Platz wegnehmen. Wie kann ich meinen Wunsch realisieren? Wie wird solch ein Stein überhaupt woanders als hier im Atelier zur Wirkung kommen? Wo gehört er hin? in den Garten? In ein Zimmer? In was für eine Art Raum? Warum wirkt er hier im Atelier so stark?

Was ist der Charakter eines Ateliers? Es ist hier anders als auf der Probebühne des Theaters, obwohl in beiden *Werkstätten* künstlerische Gestaltungsprozesse entstehen. Aber im Atelier arbeitet nur ein einzelner, alles atmet seine Atmosphäre ... und er arbeitet mit Material, welches es zu gestalten gilt. Auf der Probebühne ist der zu gestaltende Text das Material, selbst ein bereits gestaltetes Werk, welches es mit der Kunst des Spielens sichtbar zu machen gilt. Der wesentliche Unterschied ist, daß im Theater der Prozeß im Ensemble, also zwischen Mehreren, in der Beziehung, im Miteinander, in bestimmter Rollenverteilung untereinander geschieht. Dem Maler und Bildhauer im Atelier geht es wie dem Schriftsteller: Seine ‚Idee' entsteht ohne Vorlage, allein aus ihm selber; es gibt Material: Leinwand, Hartfaser, Papier, Holz, Stein, Glas, Farbe usw., und dieses Material wird durch die Hand des Künstlers im Atelier verändert, durch Transformation quasi entmaterialisiert. Im Atelier ist es ‚anders still als auf der Bühne oder in der Natur.' Dieser schöpferische Vorgang erfordert die eigene Stille im Alleinsein eines Menschen.

Wie unterscheidet sich mein Arbeitsraum von der Probebühne und dem Atelier? Der Psychotherapeut hat weder zu gestaltendes Material, noch eine gestaltete, zu transformierende Vorlage. Um Gestaltetwerden geht es nicht, wohl aber um *Gestaltwerden* im therapeutischen Prozeß. „Werde, der du bist." „Der Weg ist das Ziel." Das Verändern der Lebenssituation des in Not geratenen

Menschen, die Neuausrichtung innerhalb seiner Lebensgeschichte, die Bildung von Selbstbewußtsein, das Kräftigen im Überwinden der krankmachenden Schwäche, das Freiwerden von hemmenden Fixierungen, von Störungen, – das alles ist ein Selbstfindungsprozeß, welcher nicht der Hand eines Künstlers bedarf, sondern eines therapeutischen Partners, der auf solchen Wegen wahrnehmen, miterleben und mitteilen gelernt hat.

„Jeder Stein ist durch eine Geschichte von Gewalteinwirkungen hindurchgegangen: Pressungen, Brüche, Abschleifungen durch Erdbewegungen, Frost, Hitze und Wasser usw. Das sind ‚negative' Kräfte, die ihn geprägt haben ... Nur der Gestalt des Steins selbst nachgehen, nichts gewalttätig verändern, den Stein befreien von allem, was nicht zu ihm gehört; seine Form freilegen ... Seine Identität sichtbar machen", höre ich Jochims jetzt sagen. Dies ist seine Idee, welche er in der Materie Stein kreiert, realisiert. Mich beeindruckt solche Behutsamkeit eines Künstlers gegenüber der Materie, welche sein Material ist: er zerstört sie nicht durch Vergewaltigung, sondern dient ihr – und gewinnt dabei im Gestaltungsprozeß seine eigene Entwicklung, sein eigenes Leben.

Ist die Haltung und innere Einstellung eines Psychotherapeuten seinem Mandanten gegenüber nicht ähnlich? Er hat zwar einen Menschen sich gegenüber und nicht einen Stein, und er hat die Aufgabe zu therapieren und nicht zu gestalten. Aber die innere Einstellung in der Begegnung mit dem anderen, der Respekt, die Ehrfurcht vor der Natur sind ähnlich (vgl. Künstler/Therapeut in: „Psychodrama" d. Verf., Diederichs Verlag 1975).

Ich könnte mir vorstellen, daß speziell dieser von Jochims bearbeitete Basalt, zu dem ich eine unmittelbare Beziehung habe, in meinem Arbeitsraum seinen Platz hat. Ich bin jedoch in einem merkwürdigen Zustand von innerer Sicherheit und Bezogenheit zum Stein und zugleich rationaler Ratlosigkeit, wo er hingehört ... auf welchem Platz er weder den anderen noch mir im Arbeitsprozeß Freiraum nehmen wird; wo der Stein wie meine Bilder an den Wänden die Stille in meinem Arbeitsraum vertieft und den Raum erweitert. Ich möchte mich dieser neuen Erfahrung aussetzen und bitte Jochims um Hilfe, mit mir den rechten Platz zu suchen. Jochims kommt mit dem Stein. Er geht durch den Raum, wie wenn er ihn ermessen und begreifen wolle – und bleibt hier und dort eine Weile stehen. Dann holt er ein auf den Stein zugemessenes unbearbeitetes Stück Holz herein, legt es zielsicher auf einen Platz – und setzt den Stein darauf. Ich glaube, der Platz stimmt.

Am anderen Morgen scheint die Sonne. Voll gespannter Erwartung und Freude auf den Stein gehe ich frühzeitig zur Praxis. Gestern abend als Jochims den Platz gefunden hatte, sah ich ihn nur bei Lampenlichtbeleuchtung. Wie wird der Stein nun auf mich wirken? Und wie werden die einzelnen Hereinkommenden reagieren? Werden sie ihn überhaupt wahrnehmen? – Da liegt er also nun, von der Sonne beschienen, glitzernd ein wenig, mein Stein. Licht- und Schattenwirkung bringen seine Gestalt noch schöner heraus ... von der Eingangstür des Raums diagonal entfernt, in der lichtesten Ecke, nahe der Balkontür; das Holz auf dem Teppichboden und darauf der gewichtige Stein ... dahinter/darüber an der Wand ein Plexiglasobjekt von Klaus Staudt, mehrschichtig, licht-dunkel-sensibel, Umwelteinwirkungen aufnehmend. Der Stein verstärkt das sensible Spannungsfeld im Raum, er gibt den lapidar-unverrückbaren Schwerpunkt: Gewichtigkeit der Stille. Das Objekt dahinter vermittelt Leichtigkeit, spielerische, lichtatmende Ordnung – durch die sich verändernden Lichtverhältnisse des Tages, der Jahreszeiten und der künstlichen Beleuchtung. ‚Wirklich ist, was wirkt', sagt C. G. Jung.

Ich fühle mich nun in meinem ‚neuen' Arbeitsraum zu Hause. Ich fühle mich hier aufgenommen und freigelassen, geborgen und einsam ... nicht eingesperrt und nicht verloren. Und das Schweigen ist hier für mich lebendig. – Inzwischen sind viele Menschen hereingekommen. Ich erinnere keinen, der nicht beim ersten Kommen den Stein wahrgenommen hat. Aufgefallen ist mir, daß die meisten – ob Kind, ob alt, ob Mann, ob Frau – sofort zu dem Stein hingingen und eine Weile still davor blieben und aufmerksam angeregt hinsahen, ihn auch anfaßten – und bewegt wurden vom Stein. Besonders erinnere ich das Erleben einer Frau, einer Mutter von vier Kindern, die sagte: „Dieser Stein ist warm und weich, er gibt Geborgenheit, es ist ein weiblicher Stein, glaube ich." Und ein Junge, der zunächst regungslos vor dem Stein stehenblieb, hupfte dann wie Rumpelstilzchen händeklatschend um ihn herum und rief freudig aus: „Da liegt ein Seehund, ein Seehund ..." und nahm diesen dann in sein Spiel mit hinein. Eine Frau, welche derzeit Panik vor Katzen bekam, sagte: „Es ist eine Katze; aber diese mag ich, vor ihr habe ich keine Angst." Immer wieder wurden „Robbe" oder „Wal" oder „Bauch" oder „Schwangere" oder „Schildkröte" gesehen. Ich habe solche *Bild*-Aussagen durch meine Bilder an der Wand nie erfahren. Auch ich selber wurde vom Stein zunächst auf andere Art erfaßt, als von den Bildern/Gemälden/Objekten. Inzwischen ist der Stein im Raum integriert wie meine Bilder an der Wand. Und doch setzt sich fast jeder Neue, der zum erstenmal den Raum betritt, mit dem Stein auseinander. Was ist dies für eine Wirkung? Dort, wo dieser Stein einmal in der Natur lag, ist er gewiß kaum jemandem aufgefallen. Ich meine, es muß mit dem Gestaltungsprozeß der Geschichte dieses Stücks Natur und mit dem Übersetzen in einen neuen Raum und dem unmittelbaren Erkennen und Erleben zu tun haben.

Was ist er-leben? Wodurch unterscheidet sich ‚erleben' von ‚leben'? Solange ich atme, lebe ich, unbewußt, bewußt, Tag und Nacht ... es lebt sich. Durch ein Erleben verändert sich die Atmung. Es heißt z. B.: „Mir bleibt vor Schreck die Luft weg" oder „Da bleibt einem das Herz stehen" oder „Das Herz hüpft einem vor Freude im Leibe" oder „Wes das Herz voll ist, des geht der Mund über" oder „Williges Herz macht leichte Füße". Sprichwörter drücken bildhaft Erlebniseinwirkungen auf den Körper aus.

Wenn ich mich auf meine Erfahrungen mit dem Jochims-Stein zurückbesinne, so frage ich mich, ob ich ihn beim ersten Sehen ‚erlebt' habe. Damals habe ich die Frische der Oberfläche, die reizvolle Farbigkeit, die Ausformung wahrgenommen. Und ich habe interessiert zugehört, was Jochims – selbst sehr engagiert – von dieser seiner neuen Arbeit an Steinen erzählte. Dies hat mich beeindruckt, wohl besonders in der Beziehung zum Künstler, der von seiner Arbeit bewegt war. Ein wenig später bin ich über einen dieser Steine gestolpert. Ich wollte zu einem Bild an der Wand hingehen. In diesem Moment schien der Stein für mich konkret nicht zu existieren: da stolperte ich über ihn. Das wahrnehmende Auge wurde woanders festgehalten. Bleibt *Wahrnehmen* an der Peripherie des psychosensorischen Aufnehmens der Umwelt? Ist *Wahrnehmen* schon *Sehen?* „Ich sehe, weil ich einsehe.“ Nimmt *Sehen* ein unbewußt/bewußt geistiges Bewegtsein mit hinein? Als ich Monate später – Ende Januar – wieder ins Atelier kam, lagen wieder Steine dort auf dem Weg zum Bild an der Wand, und ich wurde spontan auf sie aufmerksam und kam nicht an ihnen vorbei. Diesmal hatte Jochims noch nicht auf seine Steine hingewiesen. Zunächst nahm ich sie erneut wahr, ... und wandte mich dann besonders dem einen Basalt zu, tastete seine Oberfläche ab, seine Form. Immer mehr meinte ich ihn zu erkennen, zu sehen. Beim ersten Mal hatte ich die Steine wahrgenommen und zugehört, was Jochims gesagt hatte; jetzt begann ich das Ereignis leibhaftig zu begreifen. Es erfaßte mich ganz ... Was mich dem Stein nahe brachte, erfaßte ich jetzt als Zeiten überdauernde *Bewegung* der Erde, welche den Stein gebildet hatte. Diese unmittelbar gewordene Beziehung zum Stein vermittelte mir Einsehen, das Sehen einer großen gleitenden, ruhigen, starken Bewegung – wie die eines Delphins, dachte ich. Mit Delphinen hatte ich seit Kinderzeiten Erfahrungen gacht, und diese realen Erlebnisse hatten sich in Träumen fortgesetzt. Seit der Stein jedoch bei mir im Raum liegt, ist sein Wesen für mich nicht mehr an den Delphin gebunden. Ich kann ohne Schwierigkeiten die Erlebnisbilder der anderen in seiner Form erkennen. Geblieben ist bis heute für mich die Kraft der ihm innewohnenden Bewegungsgestalt, der gewordenen Form, welche viele Möglichkeiten des Bewegtwerdens im Sehenden auslösen kann. Wann nun beginnt das *Erleben?* Um am Beispiel Stein zu bleiben, meine ich: als ich vom äußeren Auffassen zum ganzheitlichen (auch leibhaften, emotionalen) *Begreifen* und *Erfassen* kam – als das bildnerische Erfassen zum *Einsehen* wurde. Wie geschieht so etwas?

Etwas aus der Umwelt auf sich wirken zu lassen, erfordert Bereitschaft zum Annehmen. Nehme ich es sehend oder hörend im Abstand wahr, ohne es in mich aufzunehmen, verliert es sich wieder, sobald der nächste Eindruck entsteht. Verbinde ich das Wahrgenommene mit mir, so lasse ich Nähe zu, nehme ich Kontakt auf. Löst dieser Kontakt ein inneres Bewegtsein aus, verbinde ich mich tiefer mit dem Wahrgenommenen, fühle, ahne, begreife ich etwas von dem, was mich beeindruckt, – erlebe ich etwas: es kommt ein Bewußtwerden hinzu, welches mich gezielt reagieren läßt. Aus einem Bewegtsein entsteht Bewegung, Belebung. Emotionales Erfaßtwerden läßt auch den Körper reagieren. Im Ganz-Erfaßtwerden geschieht das *Begreifen* – steintief.

Wenn der Vorgang des Erlebens vom Wahrnehmen über das vertiefte Fühlen geschieht, müßte dann nicht das Bilden eines eigentlichen *Bedürfnisses* mit der Wahrnehmung meiner Umwelt und meiner selbst beginnen und bis zur Selbsterfahrung führen, um eine freie Entscheidung und Ausrichtung zu wecken? Sich entscheiden für etwas, das einem eigenen Bedürfnis entspricht, verlangt ein Erleben von Autonomie und Interdependenz, von Selbstbewußtsein und dem Bewußtsein meiner Abhängigkeit von der Umwelt, in der ich lebe. „Wahrnehmende Verantwortung oder verantwortliche Wahrnehmung unserer Umwelt ... ist diejenige Perspektive der Veränderung unserer Nachfrage- und Bedarfsstrukturen, die auf längere Sicht handlungsleitend werden müßte, wenn wir unsere Lebensgrundlagen nicht zerstören und ein menschliches Verhältnis zur Natur sowie ein natürliches Verhältnis zum Menschen – gewinnen wollen“ (s. o.). Verändern – nicht zerstören – ein menschliches Verhältnis zur Natur – zum Menschen ... gewinnen, dies ist eine jeden von uns betreffende Aufgabe in unserer Zeit. Es beginnt im eigenen *Raum* jedes einzelnen. Ohne meinen Eigenraum neu zu überdenken im Erleben, was mir notwendig ist zum Leben, werde ich auch meinen Nachbarn, meine Umwelt, meine Interdependenz nicht begreifen. Verändern im Erleben-Begreifen ... unmittelbar im *Jetzt*.

Karl Otto Hondrich

Bedürfnisänderung durch Aufklärung?

Hat man die vier Abhandlungen im ersten Teil dieses Buchs gelesen, dann mag man fragen: Was ist, in den Augen der Autoren, das Problem? Welches sind die vorgeschlagenen Problemlösungen?

1. Bedürfnis-Aufklärung: Ein populäres Instrument und seine Grenzen

Wie so oft werden *Problemlösungen* einfacher und einsichtiger dargeboten als die Probleme, auf die sie antworten sollen: Trainingsprogramme, in denen die Menschen methodisch angeleitet werden, über das Zustandekommen ihrer eigenen Bedürfnisse und über die Konsequenzen der Befriedigung nachzudenken, stellt sich *Katrin Lederer* vor. Bedürfnisbildung durch ästhetische Erziehung, wodurch wir lernen sollen, die natürliche erschöpfbare Umwelt verantwortlich wahrzunehmen, hat *Klaus Michael Meyer-Abich* im Sinn. Auf Bedürfnis-Kritik als Kritik an manipulativen, das heißt nicht an das rationale Urteilsvermögen der Menschen appellierende Techniken der Bedürfnisausformung will *Horst Meixner* hinaus. *Dieter Birnbacher* schwebt eine Abwendung von Konsumorientierung und größere Zufriedenheit durch eine Umverteilung von Belohnungen, insonderheit durch die Entwertung des Einkommens als Erfolgsmaßstab vor.

Aus den vorgeschlagenen Problemlösungen läßt sich für alle Autoren ein fast einheitliches Problemverständnis erschließen. Als *Problem* erscheint ihnen: daß wir eine leichte Beute der Manipulateure werden und verschwenderisch und unklug mit den Mitteln dieser Welt umgehen, daß wir unsere Bedürfnisse nicht rational an den langfristigen Möglichkeiten der Befriedigung orientieren und es uns auf Kosten zukünftiger Generationen wohl sein lassen.

Die traditionelle Problemsicht der Volkswirtschaftslehre und einer ihr entsprechenden Gesellschaftskritik wird auf den Kopf gestellt: Sahen die Ökonomen bisher das Problem darin, vorgegebene Bedürfnisse mit knappen Mitteln zu befriedigen, und monierten Gesellschaftskritiker, daß vorhandene Bedürfnisse aufgrund schlechter Sozialorganisation (zum Beispiel: wegen privater Verfügungsgewalt über Produktionsmittel) nur ungenügend oder ungerecht befriedigt würden, so suchen die neuen Kulturkritiker die Probleme auf der Seite der Bedürfnisse (und der Nachfrage). Es geht ihnen nicht darum, das Angebot (im weiteren Sinn: die soziale Organisation) zu verbessern, um eine bestehende Nachfrage und die darin ausgedrückten Bedürfnisse zu bedienen, sondern vielmehr darum, die Nachfrage selbst durch Bedürfnisschulung zu verändern. Diese Sicht des Problems ist heute bereits weitverbreitet. In ihr sind die vom *Club of Rome* genährten Ängste von den Grenzen des Wachstums und von der Plünderung des Planeten mit einer populären Kritik an Werbung und Manipulation schlechthin vereint.

Die im I. Teil dieses Bandes vorgelegten Aufsätze setzen sich von den Schlagworten zur Bedürfniskritik allerdings durch erhebliche Verfeinerung ab. Das Streben, ‚wahre' Bedürfnisse zu erkennen, die im Gegensatz zu den existierenden ‚falschen' gedacht werden können, wird von den Autoren als abwegig durchschaut. Auch sollen den Leuten nicht Bedürfnisse von außen beigebracht, sondern nur Hilfestellungen zum Nachdenken geleistet werden. Ferner schränkt die Unterscheidung von Bedürfnis – Bedarf – Nachfrage, die *Meyer-Abich* sinnvoll einführt, die Kritik auf eine Bedarfs- und Nachfragekritik, das heißt auf eine Kritik der Bedürfnis*orientierung* ein und läßt die Bedürfnisse unangetastet. Damit wird der Blick auf alternative Orientierungs- und Befriedigungsmöglichkeiten von vorhandenen Bedürfnissen und auf das Problem, Bedürfnisorientierungen von der Angebotsseite her zu steuern, gelenkt.

Dabei bleibt es dann leider. Schnell ist man wieder bei den sympathischen Vorschlägen einer Bedürfnis-Aufklärung ohne Bedürfnis-Bevormundung, die indessen nicht nur unspezifisch, sondern auch unwirksam sind, weil sie an den wesentlichen Problemen vorbeigehen.

Wer glaubt, aufklären zu müssen, verkennt zunächst, daß dies nicht mehr nötig ist. Vielleicht hat uns der angestrengte Blick auf den Soziologen-Schreibtisch an der Beobachtung gehindert, wie Groß und Klein, BILD- und FAZ-Leser auf Manipulationsversuche, etwa durch Werbung, tatsächlich reagieren: mit ironischer Distanzierung. Das Nachträllern von Werbetexten ist dafür ebenso ein Indiz wie die Verhöhnung der Autoritäten im Kindervers, von Dichter *Peter Rühmkorf* in einer einzigartigen Sammlung treffend kommentiert. Innere Unabhängigkeit und Abwehrkräfte gegen Manipulationsversuche wachsen, ohne viel intellektuellen Aufhebens, mit diesen selbst.

So wie man Beeinflussungsversuche von außen spürt, weiß man auch über Folgen eigener Handlungen meist hinreichend Bescheid. Daß Rauchen gesundheitsgefährdend ist, daß der Individualverkehr die Straßen verstopft, das weiß heute auch der dümmste Raucher und Autofahrer. Daß Gewalt im Fernsehen Aggressionen weckt oder bestärkt, daß verschwenderischer Energieverbrauch uns in politische Abhängigkeit von ölproduzierenden Ländern bringt und uns an die ökologischen Grenzen des Wachstums katapultiert, vermuten und befürchten heute viele. Das Problem für den Bedürfnis-, Bedarfs- und Nachfragekritiker ist nicht, darüber aufzuklären, sondern eine Erklärung dafür zu finden, warum die Menschen – gerade auch die Intellektuellen – fortfahren, Dinge zu tun, deren negative Konsequenzen sie kennen oder zumindest ahnen.

2. Bedürfnisorientierungen als Kosten-Nutzen-Kalkül

Die Antwort darauf ist zunächst einfach: Weil die genannten Tätigkeiten/Bedürfnisbefriedigungen den Personen einen Nettonutzen oder: mehr Nutzen als Kosten gemäß ihrer subjektiven

Einschätzung bringen, oder: weil der subjektive Nutzen aus dem Tun größer ist als aus dem Unterlassen oder aus einer Alternativ- oder Ersatzhandlung.

Die Einsicht in diesen Grundtatbestand von Handeln oder Bedürfnisbefriedigung erscheint so trivial, daß man sich wundern muß, warum sie von denjenigen, die Handeln umändern wollen, nicht beherzigt wird. Aus der Einsicht ergibt sich nämlich eine einfache Alternative: Entweder man zwingt den Menschen gewaltsam bestimmte Tätigkeiten und Versagungen auf und verändert so ihr Kosten-Nutzen-Kalkül. Oder man nimmt die Menschen mit ihrer Kosten-Nutzen-Rechnung so wie sie sind und versucht, in diesem Rahmen subjektiv höher geschätzte Belohnungen (Nutzen) und geringere Versagungen (Kosten) einzusetzen.

Nehmen wir an, daß in dieser Alternative für uns nur die zweite Möglichkeit diskutabel ist. Dann folgt daraus, daß man erstens das Nutzen-Kosten-Kalkül der Menschen kennenlernen, zweitens es als subjektiv rational respektieren und drittens auf dieser Grundlage, das heißt im Rahmen der vorgefundenen individuellen Rationalitätskalküle äquivalente Befriedigungsangebote machen muß. Mit andern Worten: Bedürfniskritik, die auf der voreiligen Annahme der Irrationalität von Bedürfnissen beruht und mit einem nicht einlösbaren Anspruch der Bedürfnisänderung verbunden ist, ist zu ersetzen durch (a) Bedürfnisforschung, die (b) ihren Gegenstand ‚soziales Handeln' als einen individuell rationalen und damit erforschbaren und relativ stabilen Gesetzmäßigkeiten gehorchenden Gegenstand ernst nimmt und (c) Veränderungsmöglichkeiten durch Angebote von Handlungs- bzw. Befriedigungsalternativen im Rahmen der vorgefundenen individuellen Handlungsrationalität ausprobiert.

Am Beispiel des Autofahrens: Die Befriedigungen oder Genüsse, die es mir verschafft, mit dem Auto statt mit dem Zug zur Universität zu fahren, liegen auf der Hand: es geht schneller (Zeitersparnis), Bücher sind leicht transportierbar (Ersparnis körperlicher Mühe), es macht Spaß, mit offenem Verdeck zu fahren (physischer und demonstrativer Genuß), nachher kann ich zu Freunden am anderen Ende der Stadt fahren oder im Wirtsgarten hocken bleiben, ohne auf die Uhr zu schauen (Freizügigkeits-Genuß). Die Kosten: erhöhte nervliche Anspannung, Verstopfung der Straßen, Lärm und Abgase, treffen mich nicht unmittelbar sofort oder nur zu kleinen Teilen, so daß meine individuelle Kosten-Nutzen-Rechnung für die Gegenwart zugunsten des Autos und zuungunsten des Zuges ausfällt.

Dieses Kosten-Nutzen-Kalkül, so kann man mir vorwerfen, ist zumindest in zwei Punkten kurzsichtig: es berücksichtigt nicht genügend die Kosten, die ich der Allgemeinheit zufüge und die in schlechter Luft, verstopften Straßen etc. auch auf mich wieder zurückkommen; und es schätzt die Schäden gering, die ich mir als Individuum durch mein jetziges, rein gegenwartsbezogenes Nutzdenken in der Zukunft zufüge. Meine Rationalität ist also eine ich- und gegenwartsbezogene; kollektiv- und zukunftsgewandt kann sie irrational sein.

Gegenüber diesem Phänomen sind nun zwei landläufige Reaktionen völlig unangebracht, weil ergebnislos: die Klage, ja auch nur Rede von der Irrationalität meiner Bedürfnisse und Handlungsweisen und der Versuch, mich durch Aufklärung vernünftiger zu machen. Was nützt es, mir meinen Eigennutz und mein Streben nach gegenwärtigem Genuß warnend vor Augen zu führen, wenn ich beide samt ihren Folgen schon kenne und mich trotzdem nach dem Motto ‚Lieber den Spatz in der Hand als die Taube auf dem Dach' für die Werthaltung des individuellen Gegenwartsgenusses entscheide? Da es sich hierbei um eine Wertpräferenz ‚für mich heute' und ‚gegen die andern morgen' handelt, ist mein Handeln im Hinblick auf diese Wertordnung ja nach wie vor rational! Und selbst wenn ich sie, die selbst- und gegenwartsbetonte Wertrangfolge, aufgrund von neugewonnenen Einsichten in ihre schlimmen Folgen ändern *wollte* – wäre ich dazu überhaupt als einzelner in der Lage? Man braucht nur einen Augenblick lang darüber nachzudenken, wie Werthaltungen sich in jahrhundertelangen sozialen Prozessen herausbilden und verfestigen, um diese Frage mit Nein zu beantworten (und allenfalls ein kleines Fragezeichen anzuhängen).

3. Veränderungen im Kosten-Nutzen-Kalkül durch Angebots-Änderungen

Heißt das alle Hoffnung auf Bedürfnisumorientierung fahren lassen? Ganz so trostlos ist die Lage nicht. Zunächst einmal ist es nicht ausgemacht, daß wir, wie Kulturpessimisten annehmen, immer mehr dem Gegenwarts- und Eigennutz verfallen. Die Geschichte der wirtschaftlichen Entwicklung ist eine Geschichte der Zukunfts- und Planungsorientierung einerseits, der zunehmenden Bedeutung kollektiver Güter andererseits. Wenn wir demgegenüber heutzutage Gegenwarts- und Individualorientierung der Bedürfnisbefriedigung konstatieren, dann wissen wir nicht: (a) ob diese langfristig nicht eher ab- als zunimmt und (b) ob sie nicht nur eine Seite der Medaille ist und ob auf der andern Seite in anderer Form nicht auch Zukunfts- und Kollektivorientierungen eingeprägt sind. Genau genommen wissen wir empirisch über Ausmaß und Entwicklungstendenzen der Individual/Kollektiv- und Gegenwarts/Zukunftsorientierung kaum etwas – ein weites Feld der Forschung bleibt hier zu beackern.

Gehen wir einmal davon aus, daß Eigennutz und Gegenwartsgenuß ‚zu groß' sind und auf längere Sicht zu einer Schädigung individueller Interessen selber führen. Dann läßt sich diese (Ir-)Rationalitätsstruktur (sieht man vom Zwang ab) nur dadurch ändern, daß man in ihrer eigenen Logik die Kosten für die Individual- und Gegenwartsbefriedigung von Bedürfnissen erhöht, und/oder ebenso den individuellen Nutzen von Kollektiv- und zukünftigen Befriedigungen. Wieder am Beispiel des Autofahrens: durch Steuern, hohe Parkgebühren, Vernachlässigung des Straßenbaus einerseits, neue und billige Angebote des Kollektivverkehrs andererseits ist das Kosten-Nutzen-Verhältnis zugunsten des letzteren zu verschieben; die Bedürfnisse sind umzuorientieren.

Mittlerweile wissen wir, daß das leichter gesagt als getan ist. Es gibt keine Angebote des Kollektivverkehrs, die zu erschwinglichen Preisen alle die Bedürfnisse nach individueller Beweglichkeit, demonstrativem Konsum, Selbstbestätigung durch Identifikation mit schönen und schnellen Objekten befriedigen, die das Auto befriedigt. Der Feldzug gegen den individuellen Nahverkehr mußte abgeblasen werden.

Daraus ist zu lernen, daß eine Umorientierung von Bedürfnissen nur von der Angebots-Seite her möglich ist. Sie steht und fällt mit Angeboten, die auf die vorhandenen Bedürfnisse eingehen und im Unterschied zu den bisherigen Angeboten etwas Zusätzliches an Nutzen oder etwas Geringeres an Kosten versprechen. Der Schweiß der Edlen ist nicht in einer abstrakten sozio-psychologischen und sozialethischen Aufklärungsarbeit zu vergießen, sondern beim Entwurf von neuen – staatlich oder privatwirtschaftlich zu fördernden – Angeboten, die auf die vorgegebene Bedürfnisstruktur noch umfassender und differenzierter eingehen als die traditionellen Angebote und zugleich die Kosten für die Allgemeinheit und für die Zukunft geringer halten.

Das kostet Geld, insbesondere für staatliche Wissenschafts- und Technologie-Förderung, und dieses Geld ist nicht über Märkte aufzutreiben, die sich ausschließlich an gegenwärtigen Bedürfnisäußerungen von Individuen und deren Kaufkraft orientieren. Der Staat (oder andere Kollektivorganisationen), der hier gegenüber den Individuen als Eintreiber von Mitteln einspringen muß, braucht dazu eine Rechtfertigung gegenüber dem individuell und gegenwartsbezogenen Genußstreben, dem ja Mittel entzogen werden. Er findet sie in der Formel, daß individueller Genuß kollektive Anstrengungen für die Zukunft voraussetzt, daß also eine kollektive Umorientierung der Bedürfnisbefriedigung geradezu nötig ist, um individuelle Entfaltungsmöglichkeiten zu gewährleisten.

Die Formel bedeutet eine Umkehrung der These des Adam Smith, wonach aus dem eigennützigen Handeln der Individuen das allgemeine Wohl entspringt. Heute muß es stattdessen heißen, daß nur über eine gewisse Kollektivorientierung der Eigennutz zu fördern ist. Im Gegensatz zur Kollektivethik eines radikalen Sozialismus, die den Individuen in einer neuen Sozialorganisation den Eigennutz ausblasen will, nimmt eine neue ‚instrumentelle Kollektivethik' die eigennützige Orientierung der Menschen als Vergesellschaftungsprodukt, das heißt als entwicklungslogisch erzeugt und notwendig an – ebenso notwendig aber ihre Ergänzung durch eine bewußte Hinwendung zu kollektivem Produzieren und Konsumieren. Die schrecklichen Entweder-Oder-Formeln – Freiheit oder Sozialismus; Freiheit oder Gleichheit etc. – sind durch die Einsicht zu ersetzen, daß Entwicklung als soziale Differenzierung uns ein Sowohl-Als-Auch erlaubt und abfordert. Für die Förderung dieser Einsicht ist tatsächlich Aufklärungsarbeit zu leisten. Indessen handelt es sich dabei um ein intellektuelles Beiprodukt, nicht um die unmittelbare Ursache und Auslösung einer Umorientierung der Bedürfnisse.

4. Wie verändern sich Bedürfnisse – vier Modelle

Wenn eine Umorientierung der Bedürfnisse durch veränderte Angebote möglich ist – heißt das auch, daß eine Änderung der Bedürfnisse selbst *möglich* und daß der ganze Prozeß *wünschenswert* ist? Zu dieser Frage gibt es einige Modellantworten.

1. Das *‚einfache Sättigungsmodell'*, das von einer Sättigung der Bedürfnisse auf ökonomische Stagnation und gesellschaftlichen Stillstand überhaupt schließt, wird heute kaum noch vertreten. Selbst wenn man annimmt, daß Bedürfnisse anthropologisch relativ fest vorgegeben sind und durch zusätzliche Befriedigungsangebote keine zusätzlichen Bedürfnisse hervorgelockt werden können, erscheint es offensichtlich, daß die Ausdrucksformen bzw. Orientierungen von Bedürfnissen weitgehend variabel sind und auf neue Angebote reagieren, statt ihnen, gesättigt, Widerstand zu leisten.

2. Anstelle des einfachen Sättigungsmodells vertreten Skeptiker heute viel mehr eine fortgeschrittene Spielart des Pessimismus, das *‚Stagnation-im-Fortschritt-Modell'*. Sie gehen dabei von der Beobachtung aus, daß auch mit zunehmendem Wohlstand die Menschen nicht zufriedener oder gar glücklicher werden (was allerdings so nicht oder nur unter bestimmten Bedingungen richtig ist). Fortschritt ist demnach ein Null-Summen-Spiel: Was an neuen Befriedigungen und Bedürfnissen auftaucht, wird durch Versagungen an anderer Stelle aufgewogen, so daß die Gesamtbe-

friedigung oder Lebensqualität trotz wechselnder Bedürfnisbefriedigungen letztlich stagniert. Man könnte noch einen Schritt weiter gehen und behaupten, daß neue Bedürfnisartikulationen nur scheinbar neue sind, in Wirklichkeit aber auf neuerdings versagten oder beschädigten Befriedigungen von alten Bedürfnissen beruhen:

Das Gesundheitsbedürfnis wird so wichtig, weil die Leistungsgesellschaft alle unsere Kräfte anspannt und unsere Gesundheit gefährdet; das Sicherheitsbedürfnis wird stärker, weil die Dynamik der Gesellschaft eine ständige Arbeitsplatz- und Ordnungs-Unsicherheit und Bedrohung durch abweichendes Verhalten erzeugt; das Partizipationsbedürfnis taucht auf, weil die Größe der funktional differenzierten Leistungssysteme die Partizipationsmöglichkeiten in den traditionellen Kleinkollektiven zerstört hat; das Liebesbedürfnis, weil die schnellebige Welt mit ihren vielfältigen wechselnden Partner-Angeboten die monogame und intensive Liebe immer schwieriger macht; das Entfaltungsbedürfnis, weil die traditionellen Entfaltungsmöglichkeiten in Beruf und Familie nicht mehr gegeben sind ...

Nach diesem Modell bringt Fortschritt keinen Fortschritt, sondern bedeutet Auf-der-Stelle-Treten. Indem wir nach vorn laufen wollen, setzen wir unter unsern Füßen ein gegenläufiges Band in Bewegung und je schneller wir treten, umso mehr Rückwärtsschub, also Nachteile erzeugen wir. Das Streben nach mehr Befriedigung, nach neuen Bedürfnissen ist eine Illusion, die uns zuletzt erschöpft. Fortschritt in diesem Verständnis ist bestenfalls sinnlos – jedenfalls nicht wünschenswert.

3. Demgegenüber nimmt das optimistische *‚Modell der Bedürfnisstufen‘* an, daß die Befriedigung oder Sättigung eines Bedürfnisses zum Entstehen oder zur Aktualisierung eines neuen, höheren Bedürfnisses führt. Dabei ist es letztlich egal, ob man sich den Prozeß so vorstellt, daß alle Bedürfnisse latent in der Person angelegt sind und in einer bestimmten Reihenfolge bedient und damit aktualisiert werden – zuerst das elementare Bedürfnis nach materieller Erhaltung, nach dessen Befriedigung die Bedürfnisse nach Sicherheit, Liebe, Anerkennung und Selbstentfaltung; oder ob die Be-

dürfnisse selbst (und innerhalb jedes Bedürfnisses in analoger Stufenfolge wiederum bestimmte Bedürfnisorientierungen) auf einer höheren Stufe ‚neu' entstehen, nachdem sie auf der vorhergehenden Stufe gesättigt worden sind. Wesentlich ist, daß das Modell den Gedanken der kostenlosen Höher-Entwicklung ausdrücklich enthält. Durch empirische Untersuchungen wissen wir mittlerweile Genaueres über Bedürfnisabstufung als Entwicklungsprozeß: Sie bedeutet nicht, daß ein Bedürfnis von einem andern abgelöst wird und verschwindet, sondern daß *alle* Bedürfnisse wichtiger werden, also aufgestuft werden; sie bedeutet auch nicht, daß die zuletzt auftauchenden ‚höheren' Bedürfnisse an die Spitze der Hierarchie rücken, sondern nur, daß sie, die in der Regel in der Wichtigkeitsrangfolge noch unten liegen, *relativ* stärker aufgewertet werden, daß sich also der Abstand zu den ‚führenden' elementaren Bedürfnissen verringert.

4. Den Gedanken, daß in sozialer Entwicklung Bedürfnisse nicht verlorengehen und sich nicht ausschließen, sondern daß sie nur ihre relative Bedeutung verschieben, hat das *‚Modell der Bedürfnis-Entfaltung'* mit dem der Bedürfnisstufen gemein. Es unterscheidet sich jedoch von diesem erstens darin, daß es nicht einen quasiautomatischen Übergang von einer gesättigten Bedürfnisstufe auf eine höhere annimmt, sondern die Umorientierung der Bedürfnisse von Angebotsart und -menge abhängig sieht; und zweitens darin, daß Veränderungen dieses Angebots an Befriedigungsmitteln als soziale Differenzierung und Integration vorgestellt werden. Daraus folgt, daß sich unser Denken über Bedürfnisse in einem entscheidenden Punkt ändert: Bedürfnisentwicklung wird nicht mehr als der Übergang von ‚alten' zu ‚neuen' oder von ‚latenten' zu ‚manifesten' Bedürfnissen (Orientierungen) angesehn, vielmehr als Herausbilden oder Entfalten andersartiger Bedürfniszusammensetzungen im Differenzierungsprozeß. Erst die Ausdifferenzierung von Familie, Arbeitswelt und Bildungsinstitutionen hat die Bedürfnisse nach (Gatten-)Liebe, Arbeitsplatzsicherheit und Fortbildung als abgrenzbare Phänomene entstehen lassen. Die Bedürfnisproduktion durch Ausgrenzungen und Zusammenfügungen geht weiter. Sie kann nicht allein dadurch erfaßt werden, daß

in einer vorgegebenen Bedürfnis- oder Wertskala sich Rangordnungen verschieben, sondern muß unsere Aufmerksamkeit auf Uminterpretationen und neuartige Kombinationen von vertrauten Bedürfnisbegriffen sowie auf ganz andersartige Bedürfnisbezeichnungen lenken.

Entgegen dem Stagnation-im-Fortschritt-Modell beinhaltet das Entfaltungs-Modell weder, daß neuartige Bedürfnisorientierungen auf Versagungen alter Befriedigungen beruhen, noch daß sie notwendig miteinander in Konflikt treten, daß also neuartige Befriedigungen immer durch entsprechende Kosten aufgewogen werden. Was mit dem Neu-Eingrenzen und -Formulieren von Bedürfnissen vor sich geht, ist immer eine Differenzierung, Intensivierung und Erhöhung von Ansprüchen einerseits, eine bewußte Erlebens-Steigerung von Befriedigungen und Versagungen andererseits.

Stützt nicht gerade das die pessimistische These der Stagnation-im-Fortschritt? Wenn mit besseren Lebensbedingungen auch höhere Ansprüche und höhere Kosten verbunden sind, dann, so kann man argumentieren, erhöht sich die Gesamt-Befriedigungs- und -Lebensqualität der Individuen nicht. Dem ist entgegenzuhalten: Was sich erhöht, ist die Intensität der Befriedigungen (allerdings auch: der Enttäuschungen) und die Vielfalt der Befriedigungsmöglichkeiten. Wer Veränderungen in der Qualität des Lebens bzw. Fortschritt messen will, sollte nach Indikatoren für Befriedigungsintensitäten und -möglichkeiten suchen und nicht so sehr nach Maßen der Gesamtzufriedenheit.

Zum andern: Es ist in jedem einzelnen Fall zu prüfen, ob die bessere Befriedigung eines differenzierten Bedürfnisses auf Kosten der Befriedigung anderer Bedürfnisse geht. Ich vermute, wie schon erwähnt, daß soziale Differenzierung in einem großen und weitgehend unerkannten Maß Sowohl-Als-Auch-Befriedigungen anstelle von Entweder-Oder-Befriedigungen erlaubt. In jedem Fall läßt sich für jedes Bedürfnis im Prinzip nach dem Grenznutzenkalkül feststellen, von welchem Befriedigungsgrad an die sozialen Gesamtkosten den Gesamtnutzen übersteigen. Ist dies absehbar, dann ist es an der Zeit, durch eine veränderte Angebotspolitik, soziologisch gesprochen: durch Umorganisation bzw. Einwirken auf Differenzierungsprozesse auch die individuellen Kosten-Nutzen-Kalküle zu beeinflussen. Nicht Bedürfnis-Aufklärung und -Schulung ist gefragt, sondern eine empirisch fundierte Lehre vom Einfluß sozialer Organisation und sozio-ökonomischer Angebote auf Bedürfnisorientierungen einerseits, Bedürfnisbefriedigungen und -versagungen andererseits – kurz: eine ordentliche und ausprobierbare Organisations- und Konsumsoziologie.

Bernhard Glaeser

Bedürfnis und Arbeit

Überlegungen zu einigen gesellschaftlichen Bedingungen künftiger Technologie

Im I. Teil dieses Buchs ist der Arbeitsprozeß nicht ausdrücklich thematisiert worden. In der Tat werden Bedürfnisse unter den Bedingungen der Industriegesellschaft in der Regel nicht innerhalb der Arbeitszeit zur Geltung gebracht. Dies ist jedoch ein Mangel, der zur Sprache gebracht werden muß, wenn nach den Bedürfnissen des Menschen gefragt wird. Ich ergänze deshalb die Beiträge des I. Teils durch Überlegungen und Vorschläge zu einer bedürfnisorientierten Entwicklung des industriegesellschaftlichen Produktionsprozesses.

1. Problematik

Es ist ein Merkmal der Industriegesellschaft, daß der Arbeitende innerhalb der Arbeitszeit bzw. des Arbeitsprozesses nichts oder nur wenig zur Befriedigung seiner Bedürfnisse tun kann. Da er sich andererseits dem Arbeitsprozeß, will er sein Leben fristen, nicht entziehen kann, sieht er sich gezwungen, seine Bedürfnisbefriedigung auf den arbeitsfreien Teil seines Daseins zu verlagern. Außerdem wird er versuchen, den Arbeitszeitanteil zu reduzieren. Beim letzteren Teil seiner Bemühung wird er von der gängigen Gewerkschaftsstrategie unterstützt. Da deren Erfolg seit dem 19. Jahrhundert beträchtlich gewesen ist, nimmt eine Freizeitindustrie sich der Erfüllung der Bedürfnisse in der arbeitsfreien Zeit an. Wie jede Industrie ist auch die Freizeitindustrie um so effektiver, je vollständiger sie standardisieren kann. Das Standardisierungsoptimum erreicht sie dann, wenn sie bereits die Bedürfnisse einplanen kann. Diese sind dann am vollständigsten planbar, wenn sie möglichst uniform bestimmend vorgegeben werden, vorzugsweise vom Befriedigungsproduzenten, der Freizeitindustrie, selbst.

Dieser Zustand ist einerseits absurd, andererseits ideal: ideal für die Freizeitindustrie, wenn das Befriedigungsmaximum durch industrielle Methoden erreicht wird, das größte Glück der größten Zahl, wie Hutcheson (1694–1744) es wegweisend formuliert hat; absurd für den Konsumenten, wenn etwa der Zeitvernichter Fernsehen Befriedigung der bereits im Arbeitsprozeß zu kurz gekommenen Bedürfnisse nach Zugehörigkeit und Zuneigung sowie Selbstverwirklichung noch weiter verkümmern läßt. Die Folge ist Konflikt, der je nach Naturell sich als Neurose nach innen frißt oder nach außen als Widerstand gegen die Gesellschaft sich Luft macht.

Gibt es eine Alternativvorstellung zur Trennung in eine bedürfnislose bzw. befriedigungslose Arbeitszeit und eine scheinbefriedigende Freizeit?

Hierzu ein Beispiel: Man nehme eine Arbeitswoche und ein Freizeitwochenende und fülle diese Zeitspanne mit dem Szenario: in der Woche wird Geld verdient, am Wochenende die Wohnung verschönt. Dieses Drehbuch ist fest vorgegeben, doch in seiner Ausgestaltung und Bewertung im Hinblick auf Bedürfnisbefriedigung keineswegs eindeutig, wie gleich zu zeigen ist. Eine Möglichkeit ist, daß der Fließbandarbeiter, der von einem beliebigen Produktionsablauf nur diese oder jene drei Handgriffe überblickt und außerdem keine produktionsbedingten sozialen Kontakte hat, am Wochenende den gesamten Arbeitsgang Anstreichen eines Zimmers oder Herstellen eines Regals plant, ausführt, überwacht und überdies Lob und Zuneigung seiner Familie hierfür einheimst.

Eine andere Möglichkeit ist, daß beispielsweise das Mitglied einer Planungsgruppe sich seinen Aufgabenbereich in Abstimmung mit den Kollegen erarbeitet und die Ergebnisse periodisch zur Begutachtung vorlegt, wobei elegante Einfälle durch Anerkennung honoriert werden. Arbeitsanregung vermittelt der eine oder andere Plausch in der Kaffeeküche. Dieser im Grunde ausgefüllte Mensch wird am Wochenende von seiner Familie zu werkeln ‚verdonnert', obwohl er lieber ein Buch lesen würde, das einen ihm noch unbekannten Aspekt seiner Planungstätigkeit behandelt. Der Freizeitbastler hat zur handwerklichen Tätigkeit weder Talent noch Neigung. Die Planung bereits bringt ihn in Streß, sein Ungeschick verschafft ihm weder Befriedigung noch Achtung und Zuneigung seitens seiner Umgebung. Am liebsten würde er einen zusätzlichen Planungsauftrag erledigen und mit dem Honorar einen professionellen Handwerker finanzieren.

Das Beispiel erklärt sich selbst: Es ist nicht unbedingt die Lebensunterhalt verdienende Tätigkeit, welche die Bedürfnisse abweist, und ebensowenig die freizeitliche Tätigkeit, welche Befriedigung gewährt. Das Kriterium muß ein anderes sein und etwas mit dem Gegensatz von Selbstbestimmung und Zwang zu tun haben. In der zweiten Variante hatten Mühsal des Arbeitens und die Entfaltungsoffenheit der Freizeit ihre Rollen getauscht. Vielleicht liegt in der Arbeit mit ihrer Funktion des Sorgens für den Lebensunterhalt sogar das größte Befriedigungspotential. Damit ist die Alternative zur Trennung beider Bereiche vorgegeben: Sie besteht darin, den Zwangscharakter der Arbeit aufzuheben; *Arbeit ist Freizeit.*

2. Alternativtechnologie als bedürfnisorientierte Technologie

Alternativtechnologien sind daran zu messen, inwieweit sie der Formel von der Identität von Arbeit und Freizeit entgegenkommen. Es kommt nicht darauf an, an welchen Bedürfnissen sich die künftige wissenschaftlich-technische Entwicklung orientiert, vielmehr kommt es darauf an, ob die sich wandelnden Bedürfnisse auch im individuell wie gesellschaftlich wesentlichen Lebensbereich, *der Arbeit,* befriedigt werden *können.* Hierbei ist der Begriff von Technologie nicht auf den Einsatz von Geräten und Maschinen zu verkürzen. Der so zu eng gefaßte Begriff berücksichtigt nicht das zur Anwendung eines Geräts jeweils gehörige Wissen, welches das Gerät überhaupt erst in einen Zweck-Mittel-Zusammenhang einspannt. Technologie weist zwei Komponenten auf: Technik und Information. Wenn ‚téchne' eine Fertigkeit oder Kunstfertigkeit ist, so ihr ‚lógos' der Begriff, die Lehre oder das Wissen von ihr.

Wird nun das technologische Wissen nicht nur als ein Ingenieurwissen, sondern als bedürfnisorientiertes Wissen verstanden, so ist Technologie als Zweck-Mittel-System ihrem vorgegebenen Zweck, nämlich dem Dienst an Individuum und Gesellschaft, und das heißt der Befriedigung von Bedürfnissen, von ihrer Idee, vom Begriff her, grundsätzlich angepaßt. Unangepaßte Technologie ist gleichbedeutend mit schlechter Technik im Verhältnis zu ihrem Zweck, der Bedürfnisbefriedigung. Da es keine Alternativbedürfnisse gibt, sondern nur sich wandelnde Bedürfnisse und Scheinbedürfnisse (letztere sind keine), wohl aber aufgrund des größeren Befriedigungspotentials der Arbeit Alternativen im Einzugsbereich von Bedürfnis und Befriedigung, sollten Alternativtechnologien in erster Linie dazu beitragen, den Arbeitsprozeß selbst als einen befriedigenden zu gestalten, seinen Zwangscharakter aufzuheben.

3. Bedürfnisbefriedigung im Produktionsprozeß

Wir kommen an dieser Stelle zurück zu Marx und seiner Formel: jeder nach seinen Fähigkeiten, jedem nach seinen Bedürfnissen:

„In einer höheren Phase der kommunistischen Gesellschaft, nachdem die knechtende Unterordnung der Individuen unter die Teilung der Arbeit, damit auch der Gegensatz geistiger und körperlicher Arbeit verschwunden ist; nachdem die Arbeit nicht nur Mittel zum Leben, sondern selbst das erste Lebensbedürfnis geworden; nachdem mit der allseitigen Entwicklung der Individuen auch ihre Produktivkräfte gewachsen und alle Springquellen des genossenschaftlichen Reichtums voller fließen – erst dann kann der enge bürgerliche Rechtshorizont ganz überschritten werden und die Gesellschaft auf ihre Fahne schreiben: Jeder nach seinen Fähigkeiten, jedem nach seinen Bedürfnissen!" (Marx 1875, S. 21)

Im folgenden gilt es, mit Hilfe des Marxschen Ansatzes den ursprünglich aristotelischen Standpunkt, daß es in der Politik auf die Eudaimonie, d. h. das Leben nach der ‚Tugend' ankomme, wiederzugewinnen und den sozialökonomischen Bedingungen unseres Jahrhunderts anzupassen. Wir gehen dabei von den folgenden Prämissen aus:

- Der gute Staat ist der Staat, der menschenwürdiges Leben gewährleistet.
- Diesem Staat entspricht eine Gesellschaft, die ihre Bedürfnisse befriedigen und das gute Leben, die Eudaimonie, verwirklichen kann.
- Die Selbstverwirklichung findet im Wesens- und Hauptbereich gesellschaftlichen und individuellen Daseins statt, in der Arbeit, und nicht in Ersatzbefriedigungen irgendwelcher Art.

Marx führt ebenso wie Aristoteles als notwendige Bedingung zur Befriedigung der Bedürfnisse an, daß die entsprechenden Ressourcen, die zur Verteilung anstehende Gütermasse, ausreichen. Diese Bedingung ist gegenwärtig nicht nur in Industrieländern, sondern im globalen Maßstab trotz der ‚Grenzen des Wachstums' in weitem Umfang grundsätzlich erfüllt. Problematisch ist national wie international weniger die Produktion als die Verteilung. Folgerichtig *entkoppelt Marx die Verteilung von der Produktion,* wenn er fordert, ein jeder solle nach seinen Fähigkeiten produzieren, jedoch nach seinen Bedürfnissen konsumieren. Schließlich sind Fähigkeiten ebenso wie Bedürfnisse nicht nur gesellschaftlich bedingt, sondern auch individuell verschieden.

Neben der Entkoppelung von Produktion und Verteilung bzw. Konsum fordert Marx jedoch zweitens die *Koppelung von Arbeit und Bedürfnis.* Bedürfnisbefriedigung als Reproduktionsmechanismus soll nicht der arbeitsfreien Zeit allein vorbehalten bleiben, sondern im Arbeitsprozeß selbst stattfinden. Arbeit soll nicht nur Mittel zum Leben, sondern selbst erstes Lebensbedürfnis werden. Dadurch werden Produktion und Verteilung neuerlich verbunden.

Herbert Marcuse sucht diese beiden Forderungen mit der Rolle der Technologie in Einklang zu bringen, ja sie aus ihr heraus zu lösen. Seine beiden Zentralthesen sind folgende (Marcuse 1967b; vgl. hierzu Glaeser 1970):

- Das Reich der Freiheit verwirklicht sich nicht nur *jenseits,* sondern *innerhalb* des Reichs der Notwendigkeit.
- Entfremdete Arbeit wird mit Hilfe andersartiger Technologien abgeschafft.

Die erste These, Verwirklichung der Freiheit in der Notwendigkeit, nimmt die Marxsche Forderung nach der Koppelung von Arbeit und Bedürfnis wieder auf. Eine solche Koppelung bedeutet Aufhebung des Entfremdungscharakters der Arbeit, der darin besteht, daß der Zweck der Arbeit nicht das Produkt ist, sondern der Lohn für ein Stück Arbeitszeit oder Arbeitsleistung. ‚Entfremdet' bedeutet – unorthodox formuliert –, daß das Arbeiten nicht zum Selbstzweck wird, sondern daß der Zweck der Arbeit von außen vorgegeben wird und sich der Selbstbestimmung entzieht. Technologie, die in der Lage ist, entfremdete Arbeit abzuschaffen, oder hierzu wenigstens einen Beitrag leistet, hat wahrhaft Alternativcharakter. Und eben in der Möglichkeit der Abschaffung entfremdeter Arbeit durch alternative Technologie besteht Marcuses zweite These: „Das Reich der Notwendigkeit wird eben ein anderes Reich, wenn mit den Mitteln der vollendeten Technik die entfremdete Arbeit abgeschafft werden kann." (Marcuse 1967b, S. 24) Oder anders: Alternativtechnologien bewirken, daß die Bedürfnisse der Menschen auch im Arbeitsprozeß erfüllt werden, daß Arbeit befriedigt.

Damit weicht Marcuse insofern von der Marxschen Tradition ab, als Marx davon ausgegangen war, Abschaffung des Privateigentums an Produktionsmitteln würde als hinreichende Bedingung das Problem schon lösen. In Wirklichkeit kann auf diese Weise allenfalls die *kapitalistische Form* entfremdeter Arbeit aufgehoben werden. Marx hat nicht vorausgeahnt, daß auch zwischen Arbeitern auf der einen und Technokraten und Bürokraten auf der anderen Seite eine neue Form gesellschaftlicher Arbeitsteilung entstehen würde, die Entfremdung hervorbringt. Der Kurzschluß besteht darin anzunehmen, daß Eigentum und Verfügungsmacht deckungsgleich seien. Inzwischen kennen wir Eigentümer ohne

Verfügungsmacht, z. B. den Kleinaktionär, ebenso wie Verfügungsberechtigte ohne Eigentum, den Manager im Kapitalismus oder den Funktionär im bürokratischen Sozialismus.

Folgerichtig sucht Marcuse nach einem neuen Ausweg zur Aufhebung der Entfremdung. Er findet ihn in der Alternativtechnologie: „Der technische Fortschritt ist Fortschritt in der Möglichkeit menschlicher Freiheit. Das heißt: Technischer Fortschritt ist Reduktion und Abschaffung entfremdeter Arbeit.“ (Marcuse 1968, S. 705) Wenn Marcuse von technischem Fortschritt redet, meint er nicht nur eine weiterentwickelte Technik, sondern eine auch qualitativ andersartige Technologie der Befreiung, die Mensch und Natur aus Abhängigkeit, Unterdrückung und Ausbeutung erlöst. Grundlage der befreienden Technologie und letztlich der befriedeten Gesellschaft ist ein neuer Typ Mensch, der sich vom System repressiver Bedürfnisse lossagt (vgl. Marcuse 1967a, S. 242f. sowie Marcuse 1965, S. 159). Dies kann geschehen durch „Veränderung der Triebstruktur des Menschen, seiner Sensibilität, seiner Sinnlichkeit; Veränderung der Grundweise, in der der Mensch sich selbst und seine Umwelt erlebt, wie er sich und die anderen und die Dinge sieht, hört, fühlt, riecht. Und wie er auf Grund dieser Urerfahrung sich, die andern, die Dinge behandelt: als Tauschwerte, als Materie der Beherrschung – oder aber als Subjekt, Teil und Kraft einer befriedeten Welt.“ (Marcuse 1968, S. 706)

Hier tritt folgende Aporie zutage: Neue Bedürfnisse sollen eine repressionsfreie Gesellschaft einschließlich entsprechender Technologie hervorbringen. Andererseits sind solche Strukturen die Voraussetzung für die Entstehung neuer Bedürfnisse. Die Vermittlung zwischen realer Gegenwart und utopischer Zukunft fehlt. Diese Vermittlung kann nur vollzogen werden, wenn neben der Entkopplung von Verteilung und Produktion durch Alternativtechnologie und der damit verbundenen Abschaffung entfremdeter Arbeit die Koppelung von Arbeit und Bedürfnis auf unmittelbarem Weg der Verwirklichung des Reichs der Freiheit *im* Reich der Notwendigkeit nicht verloren geht. Denn das Reich der Notwendigkeit selbst, die gesellschaftlich notwendige Produktion, kann nicht abgeschafft, wohl aber kann der Zwangscharakter individueller Arbeit graduell durch Einführung von Freiheitsspielräumen gemildert werden – jetzt nicht in der Entscheidung, *ob* ich arbeite, sondern zunächst nur als Zwischenstadium in der Entscheidung, *was* und *wie* ich arbeite, wenn ich arbeite. Die konkreten Ausprägungen solcher Entscheidungsspielräume lassen sich erreichen durch diverse Partizipationsformen im Kontinuum zwischen Mitbestimmung und Selbstbestimmung.

In diesem Sinne sei – im Anschluß an die Überlegungen von K. Lederer zur Selbstbestimmung der Konsumenten – die abschließende *These* gewagt, daß alternative Technologien als Teil künftiger wissenschaftlich-technischer Entwicklung automatisch bedürfnisgerecht sind, wenn diese Entwicklung von den Betroffenen selbst geplant und vollzogen wird: Bedürfnisorientierung ist ein wichtiges Hilfsmittel im Planungsprozeß, jedoch nur dann, wenn sie komplementär zu Partizipation und nicht alternativ zu ihr eingesetzt wird. *Entscheidend ist, daß der Arbeitende als Subjekt, nicht als Objekt am Produktionsprozeß teilnimmt.*

III.

Beispiele und Anwendungen

Katrin Lederer

Über Erfahrung und Durchsetzung von Bedürfnissen

Notizen aus dem Alltag einer Bürgerinitiative, aufgezeichnet nach einem Interview

Die Gruppe, von der hier berichtet werden soll, ist die Bürgerinitiative Kraftwerk Oberhavel/Oberjägerweg in Berlin. Sie bildete sich im Frühjahr 1976, als erste Zeitungsmeldungen darüber aufgetaucht waren, daß die BEWAG (Berliner Kraft und Licht AG) für November desselben Jahres den Baubeginn eines Kohlekraftwerks mit einer Kapazität von 1200 Megawatt an der Oberhavel in Aussicht genommen hatte. Eine Zeitlang sorgten die Aktivitäten dieser Bürgerinitiative und ihre Kontroversen mit der BEWAG und dem Senat von Berlin für Schlagzeilen in der Lokalpresse. Ihr Nahziel, eine Verhinderung des Kraftwerkbaus an diesem Standort und – durch Erwirken einer einstweiligen Anordnung beim Berliner Verwaltungsgericht im Mai 1977 – auch an einem alternativen Standort im Spandauer Forst (Oberjägerweg), erreichte die Gruppe schließlich.

Zwei Jahre später, zum Zeitpunkt dieses Berichts, nimmt sich die Arbeit ihrer Mitglieder wesentlich weniger spektakulär aus, aber sie ist noch nicht eingeschlafen – denn ihr eigentliches Anliegen erschöpft sich nicht in der Vereitelung einer bestimmten Kraftwerksanlage.

„Wir sind der Ansicht", so einer der Initiatoren der Bewegung, „daß Berlin überhaupt kein weiteres Kraftwerk braucht. Dieser Ansicht waren wir schon immer, auch schon damals, am Anfang, als wir noch nicht wußten, daß es so etwas wie das Bayreuther Modell des Spitzenlastabwurfs gibt.[34] Im Lauf der Zeit lernt man ja dazu ..."

Gelernt haben die Aktiven dieser Bürgerbewegung viel, seitdem sie ihre Arbeit begannen: mit dem Staatsschutz zu leben (man hat ja selten Beweise, aber auffallen muß es doch, wenn nach Versammlungen ein paar unauffällig gekleidete Herren drei Straßen weiter in ein Polizeiauto einsteigen), die K-Gruppen zu verkraften, Beschimpfungen zu überstehen („Nun sag's doch, bist du schon Russe oder nicht?"), auch größere Menschenmengen zu organisieren usf.

1. Die Entwicklung der Gruppe

Es hatte mit ein paar Leuten angefangen. Man traf sich in Spandau, das erste Mal praktisch über Mund-zu-Mund-Propaganda. Bei diesem Treffen wurde dann allerdings sofort eine Anti-Kraftwerks-Bürgerinitiative gegründet, weil die Zeit drängte. Während der ersten paar Monate blieb die Gruppe relativ klein, machte jedoch durch verschiedene Aktivitäten auf sich und ihre Ziele aufmerksam. Die erste war eine Flugblattaktion, mit der Informationen über den geplanten Kraftwerksbau Oberhavel unter den künftig betroffenen Mitbürgern verbreitet wurden. Später wurden beispielsweise Informationsstände unterhalten, Vortragsveranstaltungen durchgeführt, so etwa mit dem damaligen Vorsitzenden des Bundesverbandes Bürgerinitiativen Umweltschutz, Hans-Helmut Wüstenhagen, Podiumsdiskussionen veranstaltet und Kontakte zu Rundfunk und Fernsehen gesucht. Auf dem in Aussicht genommenen Kraftwerksgelände wurde zudem, mitten im Wald, eine Hütte gebaut, in der den ganzen Winter über bis Ende Mai 77 Kraftwerksgegner wohnten, die von Spandauer Bürgern versorgt wurden.

Für einen beträchtlichen Zuwachs dieser Gruppe, etwa ein halbes Jahr nach deren Gründung, sorgten aber eigentlich erst die BEWAG und der Senat von Berlin durch den Beschluß, das Kraftwerk nicht an der Oberhavel, sondern im Spandauer Forst, am Oberjägerweg bauen zu lassen. Dieser neue Standort machte nämlich die Rodung eines ca. 30000 Bäume umfassenden Waldgebiets erforderlich.

Jetzt plötzlich bildeten sich auch in anderen Bezirken Stadtteilgruppen gegen das geplante Kraftwerk, etwa in Neukölln und im Wedding. Es entstand eine ‚Aktionsgemeinschaft Oberjägerweg' aus allen möglichen Bürgerinitiativen, Mieterinitiativen, Wählerinitiativen, Vereinen und Einzelpersonen. War die anfängliche Bürgerinitiative Kraftwerk Oberhavel/Oberjägerweg noch eher der Zusammenschluß von unmittelbar Betroffenen (Behinderte aus dem nahe gelegenen Johannesstift, Mitglieder ansässiger Sportvereine etc.) und von Leuten, die entweder wegen ihrer Position oder aufgrund ausbildungsbedingten ‚Know-hows' besser als andere an Informationen herankamen, so erfaßte die Bewegung jetzt weitere Bevölkerungskreise. Mit der Gefährdung eines Teils der Berliner Erholungsgebiete stellte sich ein Problem, das für jeden Bürger konkret erfaßbar oder doch wenigstens vorstellbar ist – was bei mittelfristigen Energiebedarfsprognosen und Spitzenlastabwurfmodellen nicht unbedingt vorausgesetzt werden kann. Im Spandauer Forst hat es nie vorher so viele Spaziergänger gegeben.

Da eine Verbandsklage in der Bundesrepublik einschließlich Berlin (W) derzeit nicht zulässig ist, stellten vier Berliner Bürger (darunter zwei Kinder, vertreten durch die Eltern) und eine Naturschutzgemeinschaft beim Verwaltungsgericht Berlin einen Antrag auf aufschiebende Wirkung gegen die Kraftwerksplanung und alle damit verbundenen vorbereitenden Maßnahmen, insbesondere das Fällen des Baumbestands im Planungsgebiet Oberjägerweg. Die Antragsteller bzw. ihr Anwalt monierten teils Rechtsverletzungen seitens der BEWAG und des Senats im Zuge des Planungsverfahrens, teils negative Folgen der Rodung für das ökologische Gleichgewicht und den Freizeitwert der Region. Das Gericht entschied im Sinn der Antragsteller, aber nur aus Gründen des Naturschutzes, im Hinblick auf den zuletzt in Frage stehenden Standort Oberjägerweg. Im Prinzip ließ es die Möglichkeit offen, künftig aufgrund der Insel-Lage Berlins die Bau-, Planungs- und Umweltgesetzgebung großzügig zugunsten von Kraftwerksbetreibern auszulegen.

2. Begegnungen mit den K-Gruppen

Eines der obersten Prinzipien der Bürgerinitiative war von vornherein, überparteilich zu sein zu zu bleiben. Namentlich einige K-Gruppen (politische Organisationen, die in ihrem Kürzel das K für „kommunistisch" haben) versuchten gelegentlich, diese Regelung zu unterlaufen oder gar die Aktionsgemeinschaft insgesamt zu majorisieren. Sie verteilten beispielsweise an eigenen Ständen ihre Flugblätter gleichzeitig mit denen der Bürgerinitiative, organisierten Unterschriftensammlungen gegen das Kraftwerk auf eigene Faust oder ‚überschwemmten' die Vollversammlungen der Bürgerinitiative mit eigenen Sympathisanten, um für ihre Vorstellungen über den Fortgang der Arbeit qualifizierte Mehrheiten herbeizuführen – letztlich ohne den gewünschten Erfolg.

Das Abklingen der spektakulären Öffentlichkeitswirkung der Bürgerinitiative Kraftwerk Oberhavel/Oberjägerweg und der Rückzug der K-Gruppen aus der Mitarbeit fielen zeitlich zusammen.

Im Nachhinein meinen viele Mitglieder der Bürgerinitiative, man hätte gleich zu Anfang einen Verein gründen sollen, um sicherzustellen, daß per Abstimmung nur Beschlüsse gefaßt wurden, die die Mitglieder auch bereit waren durchzuführen und zu verantworten. „Wir kamen", so ein Beteiligter, „mit dem Stimmrecht für jeden, der nur reinlief, zu leicht in die Lage, Beschlüsse akzeptieren zu müssen, die wir gar nicht wollten, die aber auch nicht verantwortet wurden von denen, die für Stimmenmehrheit gesorgt hatten". Wann immer die Frage einer Vereinsgründung aber damals auf die Tagesordnung kam, gab es letztlich entscheidende Vorbehalte, besonders seitens der ‚linken' Studenten und aus den Stadtteilgruppen. Ein Verein hätte allzusehr den Anstrich einer behäbig-bürgerlichen Institution, und offenbar hatten die Studenten, sensibilisiert durch warnende Beispiele aus anderen Bereichen, auch Angst vor der Aufnahme einer Art ‚Radikalenerlaß' in die Vereinssatzung – trotz der Erfahrungen mit den K-Gruppen. Es wurde dennoch schließlich ein Verein gegründet, was zu Spannungen zwischen der ursprünglichen ‚Bürgerinitiative Oberhavel/Oberjägerweg' einerseits und den übrigen Stadtteilgruppen der Aktionsgemeinschaft andererseits und schließlich zu deren Trennung voneinander führte. Inzwischen hat sich aus den alten Stadtteilgruppen heraus eine eigene Bürgerinitiative ‚Energie und Umweltschutz' gebildet. Die beiderseitigen Spannungen haben sich gelegt; jetzt wird Information ausgetauscht und in Teilbereichen kooperiert.

3. Gegner und Sympathisanten

Im allgemeinen kann man wohl davon ausgehen, daß die öffentliche Gunst sich dem ‚Sieger' zuwendet; so war auch die Resonanz dieser Bürgerinitiative in der Öffentlichkeit und bei den Medien mit zunehmendem Erfolg positiver (und umgekehrt) – wenn auch in einigen Blättern nicht allzu deutlich. Jedenfalls wies das Spendenkonto des Rechtshilfefonds durch freiwillige Beiträge der Bevölkerung zu Prozeßbeginn mehrere tausend Mark auf, womit man notfalls auch die Verfahrenskosten bei Unterliegen am Gericht hätte bestreiten können. Es hat nicht an diskriminierenden Äußerungen gegenüber der Bürgerinitiative, gerade auch im Hinblick auf diese Gelder gefehlt („veruntreute Kirchengelder?", „aus dem Osten?"), anscheinend auch nicht, wie Mitglieder der Aktionsgemeinschaft und Besucher öffentlicher Veranstaltungen berichten können, seitens des Senats von Berlin.

Der Senat, so wie er sich offiziell und öffentlich darstellte, mißbilligte die Ziele und Aktivitäten der Bürgerinitiative. Er war außer der Bürgerinitiative und der BEWAG die einzige weitere offen in die Auseinandersetzung eintretende ‚Partei' – die Kirche duldete bzw. billigte stillschweigend, die Handelskammer beschränkte sich auf Verlautbarungen in eigener Sache.

4. Belastungen

Mit der Gegnerschaft des Senats hatte die Bürgerinitiative sich automatisch die Aufmerksamkeit des Staatsschutzes eingehandelt.

„Wir mußten davon ausgehen", so ein Aktiver, „daß jeder, der mitmacht, bei den Sicherheitsorganen bekannt und aktenkundig wird."

Diese Vermutung hatte schon sehr früh und sehr konkret für die Bürgerinitiative eine Rolle gespielt, als nämlich jemand als erste ‚Kontaktadresse' gesucht wurde. Es stellte sich heraus, daß unter 15–20 Leuten nur einer übrigblieb, der nicht bei der BEWAG, beim Senat, bei Unternehmen energieintensiver Branchen angestellt war oder ein Grundstück vom Senat gepachtet hatte usf. und nicht deswegen bzw. aus Sorge vor Repressalien auf eine allzu sichtbare Position glaubte verzichten zu müssen.

Später bestätigte sich die Vermutung einer Überwachung für die Mitglieder der Bürgerinitiative vielfach: Bei Versammlungen wurden beispielsweise häufig die Nummern aller ringsum parkenden Autos von ‚Zivilisten' notiert. Demonstrationszüge wurden (an arbeitsfreien Tagen!) aus öffentlichen Gebäuden heraus gefilmt und fotografiert, und nach jeder Versammlung stiegen, wie eingangs erwähnt, ein paar unauffällige Teilnehmer in drei Straßen weiter parkende Polizeiwagen.

Zweifellos ergeben sich aus solchen Umständen für die Betroffenen aus der Bürgerinitiative psychische Belastungen. Aber es gibt natürlich für sie auch Belastungen anderer Art oder aus anderen Gründen: Als die Auseinandersetzungen dem Höhepunkt entgegengingen, gab es für die Aktivsten, schätzungsweise hundert Leute, keinen freien Abend und kein freies Wochenende mehr.

Wie hat die Gemeinschaft, wie hat der Einzelne solche Belastungen verkraftet – obwohl man ja bis zur Urteilsverkündung im Mai 77 nicht einmal eines kleinen – ausgleichenden – Zwischenerfolgs sicher sein konnte? Antwort: Es wurde immer versucht darauf hinzuwirken, daß die Leute sich nicht zu sehr auf den Erfolg im Fall Oberhavel/Oberjägerweg fixieren, sondern auf die generellen längerfristigen energiepolitischen Ziele sehen. Vielleicht war da auch das Gefühl, man ‚strickt am richtigen Strumpf' – wenn nicht heute, dann in zehn Jahren. Aber mühsam war es schon ...

5. Wie geht es weiter?

„Momentan sind wir alle etwas abgeschlafft", stellt man allgemein fest. Aber die Arbeit geht weiter, auf kleiner Flamme, sozusagen. Denn es ging ja nicht nur um dieses eine Kraftwerk. Ziel der Gruppe ist es, an der Förderung und Einführung eines neuen energiepolitischen Konzepts für Berlin mitzuwirken, mit der der Energieverschwendung ein Ende gesetzt wird.

Man hat aus der Vergangenheit gelernt, vor allem eins: „Das endlose Diskutieren und Immer-nochmal-Durchkauen ist außerordentlich frustrierend. Man sieht die Sache so wenig vorangehen; und jemand, der morgens um 6 oder 7 am Arbeitsplatz stehen muß, kann sich solche abendlichen Dauerdebatten gar nicht leisten. Hier müssen neue Wege gefunden werden."

Man ist auch skeptischer geworden: Gegenüber der allgegenwärtigen Rechtssicherheit und tatsächlichen Bürgernähe des Staats etwa; man ist kein ‚braver' Bürger mehr.

Und man ist auch noch besorgter geworden: „Was geschieht mit unserer parlamentarischen Demokratie", so fragen sich die, die weiterdenken, heute, „wenn die Bürgerinitiativen an politischer Bedeutung gewinnen?"

Ja – aber was geschieht mit unserer Demokratie, wenn die Bürgerinitiativen an Bedeutung verlieren?

Die hier geschilderte Entwicklung könnte man als Versuch einer Bedürfnisermittlung und -durchsetzung nach dem ‚Demokratiemodell' (s. oben S. 21) ansehen. Dabei wird dreierlei deutlich: Erstens, daß solch ein Demokratiemodell einen gewissen Grad von ‚Betroffenheit' als Voraussetzung der Bedürfniswahrnehmung und des Engagements für ihre Berücksichtigung erfordert – sonst funktioniert es nicht. Zweitens bleibt, zumindest nach einer zunächst noch sehr überschlägigen Betrachtungsweise, relativ unklar, wer letztlich auf wessen Bedürfniserfahrung Einfluß nahm, d. h. wer wem erfolgreich zuvorzukommen versuchte: Die besser informierten Bürger den ‚Normalverbrauchern'? Die unmittelbar Betroffenen den nur mittelbar Betroffenen? Der Staatsschutz allen Mitgliedern und Sympathisanten? Keiner jemandem? Das heißt, daß der ‚richtige' Bezugspunkt (der ‚wahren' Bedürfnisse) bzw. ‚das' legitime Verfahren der Bedürfnisfeststellung (s. hierzu auch den Beitrag von Horst Meixner in diesem Band) die zentralen Probleme praxisorientierter Bedürfnisforschung bleiben werden: Und drittens entsteht der Eindruck, daß ‚allzu' öffentliches Ringen um bedürfnisgerechte Planung – wie auch andere, ähnliche Ansätze zu direkter Demokratie – den Organen und Institutionen der repräsentativen Demokratie bedrohlich sind oder scheinen. Wenn es so wäre – vielleicht lohnt es sich darüber nachzudenken, warum.

Hans-Jochen Luhmann / Klaus Michael Meyer-Abich

Energieeinsparungsmöglichkeiten im Haushalt

Die Struktur und die Entwicklung der Energienachfrage im Haushalt sind, obwohl es sich hier um einen besonders stark expandierenden Bereich des volkswirtschaftlichen Energiebudgets handelt (1975 44,4% Haushalte und Kleinverbraucher, 35,9% Industrie, 19,7% Verkehr, bezogen auf Endenergie), bisher nur unzureichend untersucht. Unter diesen Umständen empfiehlt sich zunächst eine komparativ-statische Analyse des Einsparungspotentials, d. h. der Vergleich zweier Fälle ‚mit' und ‚ohne' Einsparung. Dieser Vergleich setzt die Wahl eines geeigneten Referenzfalls voraus, der nach dem Prinzip des gleichen Nutzens (keine Einschränkung von Wohlstandserwartungen) als ein bestimmtes Niveau der Bedarfsdeckung definiert sein muß, relativ zu dem die Nachfrage nach Energieträgern variiert wird. Naheliegend und üblich ist es, dazu den heutigen Zustand, soweit er empirisch hinreichend genau bekannt ist, heranzuziehen. Dagegen spricht jedoch zweierlei:

- Zum einen denkt man heute in energiepolitischen Diskussionen (und nicht nur dort) üblicherweise in Wachstumsmodellen. Die Abschätzung des Einsparpotentials und seiner Wirtschaftlichkeit relativ zu den heutigen Lebensgewohnheiten wäre somit auf einen Zustand festgelegt, der nach allgemeiner Meinung bald obsolet wird. Will man komparativ-statisch vorgehen und dennoch die allgemeine Wachstumserwartung berücksichtigen, so muß man von einem zukünftigen Bedürfnismuster ausgehen.
- Zum anderen ist die Wirtschaftlichkeit energiesparender Maßnahmen in der Regel abhängig von der Höhe des Energieumsatzes im Referenzfall. Ist also mit einem zunehmenden Energieumsatz der Haushalte zu rechnen, so darf man auch davon ausgehen, daß bei künftigen Lebensgewohnheiten energiespa-

rende Maßnahmen bei gleichen Kosten einen höheren Ertrag mit sich bringen.

Wir sind in unserer Untersuchung (Meyer-Abich 1978) aus beiderlei Gründen von einem zukünftigen Bedürfnismuster der Haushalte ausgegangen. Da der bisherige Wachstumsprozeß – zumindest was die Bedürfnisse der Haushalte angeht – in der Zeitspanne der Lebensdauer von energiesparenden Investitionen in eine Sättigungsentwicklung einmünden, also logistisch verlaufen dürfte, wird der gewählte Referenzfall von uns auch als zukünftiger Sättigungszustand – bezogen auf den Energieumsatz der Haushalte – verstanden.

Von einem zukünftigen Sättigungszustand auszugehen hat auch den Vorteil, eine Bewertung energiesparender Maßnahmen von ihrem Ergebnis her zu ermöglichen. Denn der Zeithorizont von Einsparungsmaßnahmen richtet sich nach der Lebensdauer der betroffenen Anlagen, kann bei gebäudeverbundenen Technologien also bis zu fünfzig Jahre vorausliegen.

Um nunmehr die Energienachfrage im Referenzfall von den darin als Bedarf geltend gemachten Bedürfnissen zu unterscheiden, muß ein bestimmtes Niveau des zu erzielenden Nutzens festgelegt werden. Dieser Nutzen ist die Deckung eines zu definierenden Bedarfs,

- relativ zu dem hier zwar eine Kritik der Nachfrage, jedoch keine Einschränkung des Wohlstandsniveaus zugelassen sein soll,
- an dem wir seinerseits aber keine Kritik relativ zu den zugrundeliegenden Bedürfnissen üben werden, derzufolge grundlegende Veränderungen im System der Bedürfnisbefriedigung zugelassen werden müßten, um das übergeordnete Bedürfnis durch einen relativ zu ihm funktional äquivalenten Bedarf zu decken.

Energieeinsparung im Haushalt soll also weder dadurch erzielt werden, daß die mittlere Temperatur in den Wohnungen herabgesetzt und häufiger kalt gebadet wird (obwohl auch dafür manches spräche), noch dadurch, daß keine Einzelhäuser mehr gebaut werden und neunzig Prozent aller Westdeutschen in das (klimatisch begünstigte) Rheintal ziehen (oder jeweils im Januar und Februar nach Westafrika usw.). Die Frage ist vielmehr – und diese Festlegung ist nicht selbstverständlich – wie unter Beibehaltung des Bedürfnismusters der heutigen ,Konsumpioniere'

- der Bedarf an Behaglichkeit in Räumen (Strahlungstemperatur der Wände und Luftaustausch),
- der Bedarf an warmem Wasser sowie
- diejenigen Bedürfnisse erfüllt werden können, die notwendigerweise zu einer Nachfrage nach Elektrizität führen (Licht, TV, Telephon, Kraft u. a.).

Ungeachtet aller sonstigen Problematik der Bedürfnisforschung zeigt sich hier – und auch dieser Fall sollte einmal herausgestellt werden – daß der zu einer Nachfrage nach Energie führende Bedarf im Haushalt relativ einfach bestimmt werden kann, und zwar nicht als ein ,Energiebedarf', sondern *funktional* in dem Sinn,

- daß die Räume angenehm klimatisiert sind,
- daß man jederzeit warmes Wasser aus der Wand entnehmen kann (egal was hinter dieser Wand ist: ein Kraftwerk, eine Ölheizung oder ein Sonnenkollektor),
- daß auf einen Knopfdruck hin das Licht angeht,
- daß man Ferngespräche führen kann usw.

Der in dieser Weise funktional bestimmte Nutzen kann unter Einsatz von Energie auf verschiedene Weise erzielt werden. Dabei sind zunächst Einsparungen der ,Nutzenergie' an den Geräten denkbar, welche den Nutzen unmittelbar hervorbringen, sodann Energieeinsparungen im Rahmen der Vorleistungsstruktur zum Betrieb dieser Geräte (Endenergie und Primärenergie).

Auf der Ebene des Nutzenergieeinsatzes ist, der Bedürfnisstruktur entsprechend, zwischen Heizwärme-, Wasserwärme und (spezifischem) Elektrizitätsbedarf zu unterscheiden. Bezogen auf Prokopfwerte, ist das Einsparpotential in der folgenden Tabelle zusammenfassend dargestellt (1 Joule = 0.24 cal; 1 kWh = 3.6 MJ (Megajoule); alle Werte pro Person und Jahr):

	Heutiger Nutzenergieumsatz	Nutzenergieumsatz im Sättigungsniveau	
		Min	Max
Heizwärme	ca. 15700 MJ	12500 MJ	25000 MJ
Wasserwärme	ca. 2000 MJ (davon ca. 700 MJ per Elektr.)	4700 MJ	3600 MJ
Elektrizität sp.	1980–2230 MJ (550–620 kWh)	2470 MJ (685 kWh)	5650 MJ (1570 kWh)

Der durch den Nutzenergieumsatz im Sättigungsniveau erzielte Nutzen soll sich von dem durch den heutigen Nutzenergieumsatz erzielten Nutzen dadurch unterscheiden, daß die zu beheizende Wohnfläche von 28 auf 40 m^2/pro Person ansteigt, die Nachfrage nach warmem Wasser gemäß einer (reichlich bemessenen) Battelle-Prognose zunimmt und jeder Haushalt im Sättigungsfall über eine Geschirrspülmaschine, eine Waschmaschine, einen Wäschetrockner und eine Kühltruhe verfügt.

Für den Sättigungsfall ist nun eine maximale und eine minimale Version des Energieeinsatzes zur Erzielung des in dieser Weise definierten Nutzens angegeben. Die obere Grenze (Max) ergibt sich unter Beibehaltung der heute im Durchschnitt üblichen Wärmedämmung und bei einer Sättigung mit Geräten, die etwa den schlechtesten Wirkungsgrad aller heute käuflichen Geräte haben. Die untere Grenze (Min) ergibt sich durch die Realisierung vielfältiger energiesparender Maßnahmen, insbesondere

- durch die bessere Isolierung von Gebäuden (Nutzung der eingestrahlten Sonnenenergie) und
- durch die Verbesserung des Wirkungsgrads von Elektrogeräten.

Die Möglichkeiten der gerätespezifischen Wärmerückgewinnung sind dabei noch nicht einmal betrachtet. Bemerkenswert auf der Nutzenergieebene ist das Ergebnis, daß im Fall der Realisierung der Untergrenze, d. h. bei forcierter Energieeinsparung, sich das Verhältnis zwischen Heiz- und Wasserwärmebedarf von heute ca. 8:1 auf ca. 3:1 verschieben wird.

Aggregiert man die Werte der Tabelle, so ergibt sich das folgende Einsparpotential der Haushalte auf der Nutzenergieebene:

	Min	Max
Wärmebedarf (MJ pro Person und Jahr)	17200	28600
Elektrizitätseinsatz (MJ pro Person und Jahr)	2470	5650

Bezogen auf die Nutzenergie, besteht demnach ein Spielraum um etwas weniger als einen Faktor 2 bei der Wärmenachfrage und etwas mehr als einen Faktor 2 bei der Elektrizitätsnachfrage. Derselbe Nutzen kann durch etwa die Hälfte der maximalen oder etwa das Doppelte der minimalen Energienachfrage erzielt werden.

Diese Schätzung ist aufgrund der Datenlage zwar noch mit Unsicherheiten behaftet und sollte zunächst vor allem ein Anhaltspunkt dafür sein, genauere Untersuchungen zu veranlassen. Soweit diese Untersuchungen unsere Abschätzung bestätigen werden, wäre das Ergebnis allerdings, daß künftige Zuwachsraten der Energieumsätze im Haushaltsbereich letztlich unnötig sind.

Noch frappierender ist das Ergebnis, wenn man auch die Vorleistungsstruktur des Nutzenergieeinsatzes mit berücksichtigt, also hinsichtlich des Heizungssystems nicht nur dafür sorgt, daß ein Heizkörper weniger Wärme abzugeben braucht, sondern auch den Wirkungsgrad der Heizungsanlage insgesamt verbessert (so daß pro Einheit der vom Haushalt bezogenen Endenergiemenge mehr Nutzenergie gewonnen wird) und außerdem Variationen der Energieträgersysteme zuläßt, also z. B. den verstärkten Einsatz von Sonnenenergie im Wasserwärmebereich und die Beschränkung des Elektrizitätseinsatzes in diesem Bereich auf Temperaturen oberhalb von z. B. 60° C, (so daß für die gleiche Endenergiemenge ein verminderter Primärenergieaufwand benötigt wird).

Die Spannweite des Primärenergieumsatzes für zwei extreme Positionen ergibt sich zu

Max = 78000 MJ/Person · Jahr
Min = 24000 MJ/Person · Jahr.

Im Fall Max werden 30% aller Wohnungen elektrisch, 45% mit Öl, 15% mit Gas und 10% mit Fernwärme geheizt, im Fall Min (der bei einer dynamischen Analyse einem Zeitraum im nächsten Jahrhundert zugeordnet sein würde) 20% mit Öl, 30% mit Gas, 20% mit Fernwärme und 30% mit Sonnenenergie (einschließlich Wärmepumpen und bivalenter Systeme). Die heutige Verteilung ist: 6% elektrisch, 24% Kohle, 53% Öl, 13% Gas, 4% Fernwärme.

Zur Deckung desselben Bedarfs im Haushaltsbereich ist also je nach der Anlage des Energieversorgungssystems ein ein- bis dreifacher Primärenergieaufwand erforderlich. *Derselbe Nutzen kann verschwenderisch durch den Einsatz von ca. 78000 Megajoule Primärenergie pro Person und Jahr oder sparsam durch den Einsatz von ca. 24000 Megajoule pro Person und Jahr erzielt werden.* Welcher Wert in diesem Spielraum schließlich erreicht wird, ist natürlich nicht zuletzt von der Wirtschaftlichkeit der verschiedenen Systeme abhängig. Beim heutigen Wissen kann aber kein Punkt innerhalb der angegebenen Spannweite für den Sättigungsfall als unwirtschaftlich bestimmt werden. Der Freiheitsgrad einer eine wirtschaftliche Energieversorgung unterstützenden Politik im Haushaltsbereich beträgt demnach zur Zeit ca. 300%. Wieweit dieser Spielraum genutzt, verengt oder noch erweitert wird, ist eine Frage der zukünftigen Energiepolitik. Die von uns in diesem Zusammenhang vorgeschlagenen wirtschaftspolitischen Steuerungsmöglichkeiten sind an anderer Stelle ausführlich dargelegt worden (s. Meyer-Abich 1978).

Claus Commandeur / Hans Nokielski

Kommunikationsbedürfnisse in Einkaufssituationen

Im altgedienten Begriff des ‚Handels' klingt der Zusammenhang zwischen dem ‚sozialen Handeln' des Tausch- und Teilungsaktes und dem kommunikativen Vermittlungsmodus des ‚Verhandelns' noch sprachlich nach. Im Gegensatz zum Konsum als dem Verbrauch von Produkten, der massenmedial über Werbung vermittelt wird, zeichnet sich die Marktentnahme in traditionellen Einkaufseinrichtungen durch die Interaktionen zwischen Verkäufer und Konsument aus. Somit kommt neben den Nutzenversprechungen der Produzenten zusätzlich eine personale Dimension zum Tragen. Die Marktentnahme wird in soziale Kontexte eingebunden.[36]

1. Einkaufen als Kommunikation zwischen Fremden

Wie eng Kommunikation und Distribution miteinander verbunden sind, wird deutlich, wenn man danach fragt, unter welchen Bedingungen Kommunikationen zwischen Fremden normalerweise zustande kommen und wie schwierig es ist, eine latente Gesprächsbereitschaft in Kommunikation umzusetzen.[37] Wer keinen Anlaß hat, einen anderen anzusprechen, wird sich einen Vorwand schaffen müssen, und selbst derjenige, der einen Anlaß hat, ist häufig nicht der Peinlichkeit enthoben, daß sein Interesse an der Kommunikation ein einseitiges ist.[38] Er wird deshalb das Gespräch selbst dann mit einer Entschuldigung beginnen, wenn er nur nach Weg oder Uhrzeit fragt. Dies gebietet die Höflichkeit, mit der überspielt wird, daß der andere von der Situation her kaum erwarten konnte, angesprochen zu werden.

Solcher Vorkehrungen bedarf es nicht, wenn es darum geht, die zum Einkaufen notwendigen Kommunikationen abzuwickeln. Mit der Situation ist der Anlaß vorgegeben, ist das Thema erwartbar und sind Gesprächssequenzen vorgezeichnet. Die Kommunikation ist auf einen wechselseitig erwarteten Zweck gerichtet und sie kann, weil sie auf die Sache bezogen ist, in sozialer Hinsicht unverbindlich bleiben.[39] Jene Leichtigkeit und Selbstverständlichkeit, mit der beim Einkaufen Kommunikation zustande kommt, ist die Grundlage dazu, daß relativ unabhängig von den Inhalten auch zwischen Fremden eine Beziehung aufgebaut werden kann, die als solche für die Betroffenen ihren Wert hat.[40] Wer ansonsten kaum Gelegenheit hat, sein Bedürfnis nach Kommunikation in Handeln umzusetzen, findet im Einkauf einen Anlaß und im Kaufmann einen ‚Gesprächspartner'.

Gerade dann, wenn sich räumliche Desintegration im Ausfall kleinräumiger Interaktionsnetze manifestiert, wird der Einkauf häufig zum einzigen Kontakt mit der Umwelt.[41] Speziell von älteren Menschen werden die möglichen Einkäufe deshalb nicht selten in mehrere Einkaufshandlungen zerlegt und zu unterschiedlichen Zeiten getätigt, weil so der Tag eingeteilt und die Anzahl der Außenkontakte erhöht wird. Eine solche ‚Bedienung' von Kommunikationsbedürfnissen kann in unterschiedlicher Weise gefördert und veranstaltet werden, wobei nicht nur die Alten zur Klientel des Einzelhändlers werden können.[42] Auch der Nachbarschaftsladen, in dem Persönliches ebenso zum Thema wird wie der Gemüsepreis, ist nur ein Beispiel dafür, daß in Einkaufssituationen Kommunikationen zustande kommen, deren thematische Breite und Vielfalt weit über die Funktionalität des eigentlichen Verkaufsgesprächs hinausreichen. Nicht selten genügt es zur Umsetzung des sozialen Bedürfnisses nach Kommunikation bereits, daß potentiell die Chance besteht, interaktive Beziehungen einzugehen. Auch rein zweckbezogene Kontakte haben immer noch einen Rest an Personalität und Spontaneität, in ihnen ist zumindest die Chance einer Rückkoppelung angelegt. Fast jeder Verkaufsvorgang fällt anders aus, ist abhängig von Stimmungen und Zufälligkeiten. Nur in Ausnahmefällen wird sich die Strenge des Funktionalen einhalten lassen, da Interaktionen stets eine emotionale Komponente haben, die auch bei Dominanz des Funktionalen wirksam wird, und sei es auf der Ebene nonverbaler Kommunikation als Mimik und Gestik.

Insoweit ähneln fast alle Einkaufssituationen einander, wenngleich sie sich erheblich danach unterscheiden, wieviel und welche Informationen jeweils zweckmäßig sind und was darüber hinaus noch angesprochen wird. Art, Inhalt und Umfang der Kommunikation hängen stark vom Produkt, vor allem aber vom Grad der Habitualisierung ab (Katona 1960, S. 80). Auch wird der eine Käufer mehr Fragen an den Verkäufer richten als ein anderer. Häufig sind diese Probleme zudem im Vorfeld der Einkaufssituation geklärt, sei es durch Werbung, Verbraucherinformation oder Gespräche mit anderen. Die eigentliche Marktentnahme vollzieht sich bei solchen problemlosen (bzw. problemlos gemachten) Waren fast kommunikationslos. Vor allem die direkte Kommunikation ist auf ein Mindestmaß beschränkt. Dies bietet nicht nur Vorteile für den Verkäufer, auch der Käufer kann sich in seiner Rolle als Konsument gänzlich auf seinen Einkauf konzentrieren und seine Interessen gezielt verfolgen – zumindest gewinnt er diesen Eindruck.[43] Eine solche Einkaufssituation – wie sie am deutlichsten in großen Verbrauchermärkten beobachtbar ist – stellt aber auch hohe Anforderungen an den Käufer und hat ihre sozialen Kosten.

2. Kommunikationsloser Warenumschlag

In durchrationalisierten Einkaufsstätten werden die über Werbung vorverkauften Produkte nur noch umgeschlagen. Die Kommunikation bei dieser Art der Bedarfsdeckung hat einen unpersönlichen Charakter, der durch die Gestaltung der Verkaufsflächen noch unterstützt wird. Eine rationelle Distribution mit hoher Umschlagsgeschwindigkeit der in der Regel problemlosen, d. h. nicht mit Beratung verbundenen, Waren läßt Gespräche zwischen Konsument und Ladenpersonal kaum zu. Die Funktion des Personals liegt in solchermaßen durchrationalisierten Einkaufseinrichtungen nicht in ‚Bedienung' im Sinne von Beratung, sondern nur noch im Auffüllen der Regale und in der Etikettierung der Waren. Da es sich bei den nachgefragten Produkten in der Regel um convenience-goods handelt, ist die Beschaffung weitgehend habitualisiert. Der Konsument versucht bei dieser Art der Bedarfe die Aufwendungen, Weg-Zeit-Relation wie auch emotionales Engagement zu minimieren. Im Vordergrund der Aufmerksamkeit steht allein das Preisargument und auch die Möglichkeiten eines im Sinn rationeller Haushaltsführung umfassenden Einkaufs bei guter Erreichbarkeit (Parkmöglichkeiten) können nicht dazu führen, daß sich beim Konsumenten emotionale Bindungen an die jeweilige Einkaufsstätte aufbauen. Bei aller Disponiertheit des Konsumenten für den Typus rationeller Einkaufssituationen – wie er durch Verbrauchermärkte, SB-Warenhäuser und Discount-Läden symbolisiert wird – erscheinen Einkaufsstätte und Einkaufssituation beliebig und damit vielfältig substituierbar.

Die entsprechende Gegenstrategie des Handelsmarketings ist darin zu sehen, durch trading-up auch gehobene Bedarfe zu befriedigen (IFO-Institut für Wirtschaftsforschung 1976, S. 33). Während im traditionellen Fachgeschäft mit dem Erwerb dieser Produkte – die in der Regel das Budget des Konsumenten erheblich belasten – eine umfangreiche Beratung verbunden ist, die insbesondere das Engagement des Verkäufers fordert, wird die Preisargumentation in Verbrauchermärkten auch bei diesen Bedarfen genutzt. Kommunikativ ist die Einkaufssituation nur insoweit, als der Einkauf sehr häufig in Begleitung erfolgt: der durchrationalisierte Großeinkauf als Anlaß und thematischer Rahmen des Familiengesprächs.

3. Klassische Situationen urbaner Kommunikation

Märkte waren Mittelpunkte städtischen Lebens, gleichermaßen Stätten des Waren- wie des Informationstausches. Über sie vollzog sich nicht nur der Warenumschlag. Über die Händler und Produzenten, die ihre Ware auf den Markt brachten, war die Stadt auch kommunikativ mit ihrem Umland verbunden. In der besonderen räumlich und zeitlich begrenzten Situation des Marktes konnte sich eine Form öffentlicher, d. h. allgemein zugänglicher, unverbindlicher, flüchtiger und dennoch vertrauter Kommunikation entwickeln, die derart zum städtischen Leben gehört, daß sie als die „urbane" bezeichnet wird (Bahrdt 1961).

Ebenso wie der klassische Markt ist der Wochenmarkt zeitlich und räumlich fixiert. Damit entsteht eine Dichte der Kommunikationen und Interaktionen, wie sie auf der Ebene der Stadtteile ansonsten nur bei Jahrmärkten und großen Festen vorkommt. Für viele Marktbesucher ist bereits dies Anlaß genug für einen Marktgang. Wochenmärkte erfreuen sich zunehmender Beliebtheit, sie werden neu eingerichtet und auch angenommen. Ursache dieser Entwicklung ist jedoch weniger ein Bedarf an Waren, sondern vielmehr ein Bedürfnis nach Kommunikation, Besonderheit und Abwechslung. Bei einer Befragung in einem größeren Essener Stadtteil gaben rund drei Viertel der Befragten an, daß sie den dreimal wöchentlich stattfindenden Markt mindestens einmal pro Woche aufsuchen (36% mindestens zweimal). Nach Angabe der Befragten steht dabei zumeist zwar die Kaufabsicht im Vordergrund, immerhin gab jedoch rund ein Drittel der Befragten an, daß sie auch zum Bummeln und Leutetreffen auf den Markt gehen. So treffen 43% der Befragten „immer" oder „häufig" Bekannte, Nachbarn oder Freunde auf dem Markt, weitere 36% „selten".

Auch Wochenmärkte, wie sie heute im Stadtzentrum und in größeren Stadtteilen abgehalten werden, erlangen ihre besondere Bedeutung über den Zusatznutzen des Kommunikativen. Hier verbindet sich die Erwartung nach frischer Ware, Auswahl und Vielfalt mit einem Bedürfnis nach Kommunikation und Interaktion. Da das Angebot relativ homogen ist und die ästhetische Verfremdung gerade darin besteht, die Natürlichkeit der Ware prägnant darzubieten, lassen sich die Produkte darüber hinaus kaum mit Zusatznutzen aufladen. Variierbar und gestaltbar ist dagegen der Verkaufsvorgang. Eine persönlich gehaltene direkte Ansprache, die bei aller Vertrautheit unverbindlich bleibt, kennzeichnet den Umgangston. Der Händler wird zum Verkaufsvirtuosen, der die Kunst des Anpreisens beherrscht und dennoch selten so persönlich wird, daß ein Rückzug peinlich wäre. Er bleibt Fremder, auch wenn er längst dazu gehört.[44]

Der traditionelle Kaufmann galt hingegen gerade deswegen als Vertrauensperson, weil man mit ihm Kontakte auch in anderen Lebensbezügen pflegte. Vielfach waren gerade die Kaufleute in bürgerschaftlichen Organisationsformen – vom Schützenverein bis zum Kirchenvorstand – aber auch in öffentlichen Bereichen wie dem Gemeinderat stark repräsentiert. Der Kaufmann verstand sich nicht als Absatzmittler im Sinn modernen Marketings, er nahm vielmehr Versorgungsfunktionen wahr. Die Gewährung von Krediten gehörte ebenso dazu wie eine hohe Flexibilität der Ladenöffnungszeiten bei Versorgungsengpässen der Konsumenten. Da er noch in dem Haus wohnte, in dem sich auch sein Geschäft befand, war er zu nachbarschaftlichen Diensten jederzeit bereit.

Gerade wegen der häufig auf rationelle Befriedigung der Bedarfe abstellenden Atmosphäre in modernen Einkaufseinrichtungen ist es Ziel moderner Verkäuferschulung, die Unverbindlichkeit des Verkaufsgesprächs zugunsten einer solchen verpflichtenden Vertrautheit einseitig aufzuheben. Verkaufsgespräche erhalten zumindest dann eine emotionale Komponente durch den Versuch des geschulten Verkäufers, das Gespräch in alltägliche Kontexte einzubinden, indem z. B. der Verkäufer dem Kunden seine eigenen privaten Erfahrungen mit dem zur Disposition stehenden Produkt schildert. Er wechselt so gewissermaßen die Fronten, erklärt sich mit dem Kunden solidarisch, indem er die gemeinsame Stellung als Konsument hervorhebt.

4. Kanalisierung kommunikativen Handelns

Sind Verbrauchermärkte speziell auf funktionale Orientierungen der Konsumenten bei der Marktentnahme angelegt, so ist es das Konzept der Shopping-Center, die Marktentnahme durch das extrafunktionale Angebot einer kommunikations- und erlebnisreichen Infrastruktur anzureichern (Eckert 1978). Einkaufszentren nehmen neben der Distribution von Waren noch Kommunikationsfunktionen wahr (Tab. 1 und 2). Sie stellen häufig sogar das einzige diesbezügliche Angebot in einem Stadtteil dar. Aufgrund der Einbindung des Sozialatmosphärischen findet dann eine geplante Bedürfnisbefriedigung über die Marktentnahme hinaus statt (Commandeur 1978, S. 12). Latente Bedürfnisse werden in konsumtives Handeln eingebunden. Nicht nur Bedarfe nach Waren und Dienstleistungen, sondern auch Bedürfnisse werden vermarktet. Das Einkaufszentrum spricht gleiche Bedürfnisse nach Kommunikation, Interaktion und Selbstdarstellung an wie z. B. ein Freizeit- oder Kommunikationscenter, die ihrerseits als Äquivalent gelten könnten.

Der konsumweltlich definierte Ort wird zum Treffpunkt, mit dem sich ein Kommunikationsraum konstituiert (Nokielski 1979, S. 228). Dies kann durch die geschlossene Bauweise von Einkaufszentren noch gefördert werden, ist aber zumeist nicht geplant. Die freien Flächen sind eher als Ruhe- denn als Kommunikationszonen angelegt, gleichwohl werden sie häufig als solche genutzt. Doch selbst hier besteht kaum die Möglichkeit, sich den Konsumangeboten zu entziehen. So erweist sich, daß die Ruhebänke in Einkaufszentren in der Regel auf die Schaufensterfronten der Einzelhandelsgeschäfte ausgerichtet sind. Eine Entlastung von den vielfältigen Reizen ist nicht möglich. Das Einkaufszentrum präsentiert sich als eine geschlossene, synthetische Welt, die abgehoben ist von alltagsweltlichen Bezügen.

Kommunikationsbedürfnissen wird hier stärker durch die bauliche Gestaltung und den geplanten Erlebnisreichtum entsprochen. Hinzu kommen Veranstaltungen, die öffentlichen Charakter haben. Solche Vorführungen, die auf das Bedürfnis nach Kommunikationsproduktionen zugeschnitten sind, werden jedoch von direkter Kommunikation eher ablenken, als daß sie diese fördern könnten. Gleichwohl vermitteln sie durch die Unmittelbarkeit des Ablaufs, durch die räumliche Nähe zum Akteur und durch die Vertrautheit der Umgebung den Eindruck der aktiven Teilhabe.

Zustimmungsgrad (Angaben in Prozent, Anzahl der Befragten = 335) Antwortvorgaben	völlig	ziemlich	teils/teils	kaum	gar nicht
Das Einkaufszentrum gibt mir vor allem eine gute Gelegenheit zum Bummeln. Das ist mir wichtiger als das Einkaufen.	17.9	17.0	23.3	15.8	25.1
Einen Einkaufsbummel mache ich doch lieber in der Innenstadt.	24.2	15.5	24.8	11.3	21.5
Im Einkaufszentrum fühle ich mich letztlich doch immerzu an den Kauf erinnert und deshalb auch ein wenig verpflichtet.	2.7	4.2	9.0	20.3	62.7
Auch wenn ich nicht unbedingt etwas kaufen möchte, würde ich durchaus hierher kommen, um die Stimmung hier zu erleben.	13.1	16.4	13.4	23.3	32.5
Ich sehe mir gern die vielen Leute im Einkaufszentrum an.	11.6	13.7	20.0	17.6	35.5
Ich könnte gut und gern eine Woche lang jeden Tag hier im Einkaufszentrum verbringen.	14.3	5.7	4.5	17.3	57.6

Tabelle 1: Ergebnisse einer Befragung in zwei Regional-Centern, zwei City-Centern und einem stadtteilintegrierten Einkaufszentrum.[45]

Gewissermaßen jenseits des Drehbuchs des Centermanagements entwickelt sich jedoch vor allem in stadtteilintegrierten Zentren ein Kommunikationszusammenhang schon deshalb, weil das Zentrum sehr häufig im Stadtteil der Ort ist, der deutlich von den Wohnstrukturen abgehoben ist und mit starker Frequenz genutzt

Zustimmungsgrad (Angaben in Prozent, Anzahl der Befragten = 80)					
Antwortvorgaben	völlig	ziemlich	teils/teils	kaum	gar nicht
Das Einkaufszentrum gibt mir vor allem eine gute Gelegenheit zum Bummeln. Das ist mir wichtiger als das Einkaufen.	17.5	18.8	27.5	13.8	22.5
Einen Einkaufsbummel mache ich doch lieber in der Innenstadt.	26.3	11.3	13.8	10.0	37.5
Im Einkaufszentrum fühle ich mich letztlich doch immerzu an den Kauf erinnert und deshalb auch ein wenig verpflichtet.	6.3	2.5	11.3	22.5	57.5
Auch wenn ich nicht unbedingt etwas kaufen möchte, würde ich durchaus hierher kommen, um die Stimmung hier zu erleben.	18.8	18.8	8.8	21.3	32.5
Ich sehe mir gern die vielen Leute im Einkaufszentrum an.	20.0	21.3	12.5	12.5	33.8
Ich könnte gut und gern eine Woche lang jeden Tag hier im Einkaufszentrum verbringen.	23.8	10.0	10.0	17.5	38.8

Tabelle 2: Ergebnisse einer Befragung in einem stadtteilintegrierten Einkaufszentrum.[45]

wird. Vor allem in niedrig geschichteten Stadtteilen mit schlechter Wohnungs- und Wohnumfeldausstattung wird das Einkaufszentrum zur ‚guten Stube' und damit zum Identifikationsfeld der Bewohner.

Das Einkaufszentrum wird quasi wahrgenommen über nicht warenbezogene Aktionen, konsumiert wird sozusagen beiläufig.

Die Aufnahme von ortsansässigen Vereinen, die eine sozialräumliche Dimension signalisieren soll, dient zwar zur Selbstdarstellung der Gruppen, instrumentalisiert sie dennoch zu Ausstellungsstükken, die ähnlich wie Springbrunnen und Blumenarrangements zur sozialatmosphärischen Aufladung einer nüchternen Verkaufssituation dienen. Während bei differenzierter Betrachtung das Einkaufszentrum ‚Funktionales' signalisiert – zeitsparenden Einkauf bei umfassendem Angebot mit kostenlosem Parkplatz – werden durch Eindringen in Bereiche privater Organisation wie Vereine und Kirchen, die an sich einen umfassenden Deutungsanspruch haben, oder durch Versuche öffentliche Funktionen wahrzunehmen – Integration von Stadtämtern bis zur Sozialstation und Bürgerberatung – eine Beheimatung oder Ausschluß erzwungen.

5. Einkaufen als Möglichkeit gesellschaftlicher Teilhabe

Einzelhandelsunternehmen und Stadtplaner arbeiten derzeit gleichermaßen an Plänen, die Einkaufssituationen wieder stärker den kommunikativen Bedürfnissen der Menschen anzupassen. Vieles spricht dafür, daß die Zeit eines ausschließlich produktorientierten Konsumentenverhaltens vorbei ist. Zwar hat die Verbindung zwischen Distribution und Kommunikation nur noch in bestimmten Einkaufssituationen jene Unmittelbarkeit, wie sie für traditionelle Handelsformen typisch war, doch könnten gerade moderne Einkaufseinrichtungen zu einer bedürfnisorientierten Wahl zwischen unterschiedlichen Verkaufsformen und Einkaufsstätten führen.

Gerade wenn davon ausgegangen wird, daß der Bedarf letztendlich nur eine Konkretisierung eines Bedürfnisses ist – was mit einer Einengung des Orientierungsspektrums gleichgesetzt werden kann – stellt sich die Frage nach einer bedürfnisgerechten Gestaltung der Lebenswelt.[46]

Während in vormodernen Nachbarschaften unter Umständen genaue Regeln den erlaubten Konsum festlegten, ist es heute unwahrscheinlich, daß zwei Haushalte das gleiche konsumieren. Diese Ungleichheit des Konsums bleibt jedoch durch seine Privatisierung den Nachbarn weitgehend verborgen (Schubert 1977, S. 40).

Nach außen ist eine Egalisierung durch gleiche Konsumstandards und -stile festzustellen. Als gemeinsamer Bezugspunkt im Konsum, der sich auch als themenfähig erweist, gilt die Befriedigung höherwertiger Bedarfe sowie die Nutzung von Einkaufseinrichtungen – vor allem unter dem Aspekt des günstigen Erwerbs von Produkten. Repräsentieren sich gerade in der Nutzung großflächiger Einkaufseinrichtungen wie Verbrauchermärkte manifeste Bedürfnisse nach Einkaufen unter ökonomischem Kalkül, die nicht zuletzt durch die vielfältig vorgetragenen Ansprüche an ein ‚rationales' Konsumentenverhalten unterstützt werden, so verbindet sich mit dem Einkaufen das latente Bedürfnis nach Kommunikation in einem Spektrum, das vom Halten unverbindlicher Kontakte, dem Sichzeigen in der Öffentlichkeit bis zur Entspannung reicht (Scheuch 1972, S. 25).

Soziale Differenzierung wird vermittelt über den Besitz höherwertiger Konsumgüter, in zunehmendem Maß aber über die Wahl der Einkaufsstätte. Einer solchen Verschiebung vom demonstrativen Konsum zur demonstrativen Warenbeschaffung als Medium der Statuserhöhung entsprechen Bestrebungen, Einkaufszentren wie auch kommerzielle Fußgängerzonen mit dem Prädikat ‚Erlebnisraum' zu versehen.[47]

Der funktionale Vorgang, die Beschaffung von Gütern, wird aufgeladen mit sozialatmosphärischen Qualitäten, z. B. der Teilhabe am öffentlichen Leben in einer Einkaufsstraße, dem ziellosen Bummel vor Geschäften, dem Erleben bebauter Umwelt, also Orientierungen, die nicht mehr alltäglich, einfach existent sind, sondern gezielt als Zusatznutzen zum Einkaufsvorgang nachgefragt werden. Indem Konsum nicht nur Verbrauch ist, wird die Einkaufswelt zum Kristallisationsfeld aller möglichen Arten von Orientierungen, auch wenn diese nicht aktuell auf den Konsum von Produkten gerichtet sind.

Gerade deswegen ist zu berücksichtigen, daß es sich hierbei aus bedürfnistheoretischer Sicht vermutlich um Nachfrage nach kommunikativen Elementen, nach Integration in soziale Bezüge handelt, die vom Einzelhandel aufgegriffen und zum Absatz von Produkten instrumentalisiert werden. Weitere Bindungen an die Welt des Konsums sind dann vorgeprägt. Es wird eine Befriedigung von Bedürfnissen signalisiert, die über die Befriedigung materieller Bedarfe bei der Marktentnahme hinausgeht.

Bernhard Glaeser

Bedürfnisse bei den Shambaa in Tanzania

Seit noch nicht sehr langer Zeit setzt sich nicht nur bei Entwicklungstheoretikern, sondern auch in immer stärkerem Maße bei internationalen Hilfsorganisationen, etwa der Weltbank, die Erkenntnis durch, daß Entwicklung ‚bedürfnisgerecht' vonstatten gehen sollte. Entwicklungshilfe hat demnach wohl vor allem dazu beizutragen, die Bedürfnisse der Ärmsten der Armen in Entwicklungsländern zu befriedigen.

Abraham Maslow, einer der Begründer moderner Bedürfnistheorie, ordnete die Grundbedürfnisse dergestalt, daß eine hierarchische Rangfolge entstand, die mit den sogenannten ‚niederen' oder physiologischen Grundbedürfnissen begann und bei dem ‚höheren' Bedürfnis nach Selbstverwirklichung endete (vgl. die Beiträge von K. Lederer und D. Birnbacher in diesem Buch).

1. Physiologische Bedürfnisse	4. Bedürfnisse nach Achtung und Ansehen
2. Sicherheitsbedürfnisse	5. Bedürfnisse nach Selbstverwirklichung
3. Bedürfnisse nach sozialen Kontakten	

Tabelle 1: Grundbedürfnisse nach Maslow

Gegen das Konzept Maslows kann eingewendet werden, daß es auf den nordamerikanisch-europäischen Kulturkreis zugeschnitten ist und auch einer Anwendung im Sinn der empirischen Überprüfung nicht ohne weiteres offensteht. Daher erschien die Aufgabe reizvoll, im Rahmen eines 1976 durchgeführten landwirtschaftlichen Forschungsprojekts in den Usambara-Bergen in Tanzania dieses theoretische Konzept der Praxis in einem Entwicklungsland gegenüberzustellen (Glaeser 1978).

Die Usambara-Berge sind eine tropische Gebirgslandschaft von 1500 Meter bis 2000 Meter Höhe. Usambara heißt Land der Shambaa. Der Bantu-Stamm der Shambaa besiedelte die Usambaras im 18. Jahrhundert. Dank des gesunden Klimas und des hieraus resultierenden etwa dreiprozentigen jährlichen Bevölkerungszuwachses sind die Berge heute sehr dicht besiedelt. Die meisten Familien, nach wie vor Ackerbauern, besitzen nicht mehr als 2 ha Land. Die Landknappheit zwang die Bauern, sich vom Wanderfeldbau auf eine semipermanente und schließlich permanente Anbauweise umzustellen. Die einzigen Ackerbaugeräte sind Hacke und langes Messer. Angebaut werden Mais, Bohnen, Kochbananen, Maniok, Gemüse und Kaffee. Die Probleme ökonomischer und ökologischer Art sind Landverknappung, Bodenerosion und unzureichende Regenfälle.

Der Problembereich „Bedürfnisse" wurde mit Hilfe eines Dolmetschers von 12 Diskussionsgruppen mit je 3–7 Teilnehmern in 11 ausgewählten Dörfern diskutiert. Die Fragen wurden durch frühere Aufenthalte im Gebiet und durch vorbereitende Tiefeninterviews mit gebildeten Shambaa vorbereitet. Ergänzend wurden die Befragungsergebnisse durch Beobachtungen und anhand objektiv vorgegebener Daten überprüft.

1. Bedürfnishierarchie

Die erste Frage an die verschiedenen Diskussionsgruppen lautete: Welche der im folgenden aufgezählten Dinge haben die größte Wichtigkeit für Sie und Ihre Familie? Bitte, ordnen Sie sie nach Ihren Vorstellungen!

1. Nahrung	6. Ackerland
2. Kleidung	7. Transport
3. Haus	8. Beschäftigung
4. Erziehung	(9. Reise)
5. Gesundheit	(10. Freizeit)

Tabelle 2: Bedürfnishierarchie

Anhand der gewählten Reihenfolge von Mitteln zur Bedürfnisbefriedigung sollen die zugrunde liegenden Bedürfnisse wie folgt interpretiert werden. Nahrungsmittel stehen mit deutlichem Abstand an der Spitze der Bedürfnisrangordnung; sie wurden von 37 der 45 Befragten auf Platz 1 gesetzt. Immerhin noch mehr als die Hälfte der Befragten, also die absolute Mehrheit, wählte Kleidung und Behausung an die zweite bzw. dritte Stelle. Damit bestätigt sich die Bedeutung der klassischen Minimalbedürfnisse. Die Begründung der gewählten Reihenfolge deckt die quantitative Aussage. Die meisten Begründungen beziehen sich explizit lediglich auf die drei zuoberst gewählten Bedürfnisse. Die meist sogar in ähnlichem Wortlaut gegebene Begründung lautet: „Nahrung, Kleidung und Haus werden am nötigsten gebraucht; ohne Nahrungsmittel kannst du nicht leben, ohne Kleidung mußt du nackt umherlaufen, und schließlich braucht man ja auch ein Haus zum Schutz."

Ab Position 4 wird die gewählte Rangfolge weniger eindeutig; dies ändert sich erst wieder bei den beiden letzten Punkten, die ausgesprochen negativ belegt sind. Eine absolute Mehrheit unter den Befragten erwähnte Freizeit oder Reisetätigkeit nicht nur nicht als Bedürfnis, sondern gab auch zu verstehen, wie unsinnig eine solche Frage sei. Der Kommentar lautete: „Ohne Arbeit hättest du nichts zu essen."

Erziehung rangiert vor Gesundheit, anbaufähigem Land und Markttransport. Die Wichtigkeit medizinischer Hilfe mag eine leicht zurückgestellte Rolle spielen, da der medizinische Dienstleistungssektor im Untersuchungsgebiet insgesamt recht gut ausgebaut ist. Aufschlußreich ist dagegen die relativ hohe Bedeutung, die dem Erziehungswesen, das von Schulen bis zur Erwachsenenbildung reicht, eingeräumt wird. Die Relevanz einer guten Schulbildung für die Höhe des erreichbaren Lebensstandards besonders der Kinder wird klar erkannt.

2. Bedürfnisse und Beruf

Die folgenden Fragen befassen sich mit der Berufswahl und ihrer Motivation unter der Voraussetzung, daß keine irgendwie gearteten Einschränkungen – etwa durch Bildung – beständen. Die zugrunde liegende Hypothese bestand darin, daß ein großer Teil der ärmlich lebenden Landbevölkerung sein Schicksal durch Ausübung eines gut bezahlten sowie prestigehaltigen Berufes verbessern würde, wenn das möglich wäre.

1. Bauer	4. Arbeiter
2. Geschäftsmann	5. Politiker
3. Lehrer	6. Schneider

Tabelle 3: Berufswünsche

Die Wirklichkeit sah anders aus. In der absoluten Mehrheit der Fälle sprachen sich die Diskussionsteilnehmer für eine Beibehaltung ihres bäuerlichen Berufs aus. Die überwiegend genannten Begründungen für diese Wahl waren Sicherheit der Nahrungsmittelversorgung und Unabhängigkeit: „Man ist frei, muß nicht wie ein Lohnarbeiter oder Lehrer irgendwelchen Anweisungen Folge leisten – und überhaupt hängt jedermann letztlich vom Landbau ab, selbst nach der Pensionierung kehrt man wieder zur Landwirtschaft zurück." Insgesamt wurde mehr Wert auf den Aspekt der Selbstversorgung als den des Gelderwerbs gelegt: „Kleidung kann man nicht essen" oder „Nahrungsmittel kann man essen, schon bevor man sie verkauft".

Wo der Beruf des Geschäftsmanns oder eigentlich Zwischenhändlers von landwirtschaftlichen Produkten begehrt wurde, geschah dies im Hinblick auf die hohen Gewinnchancen, verbunden mit Selbstbeschäftigung, also mit Unabhängigkeit. Auf die Frage, warum dieser Wunschberuf nicht ausgeübt wurde, nannte man Kapitalmangel.

Die Freude, schließlich, andere Leute zu unterrichten, war ausschlaggebend für die Wahl des Lehrerberufs. Es waren meistens jüngere Frauen, die sich diesen Beruf wünschten. In allen Fällen wurde der Beruf nicht ausgeübt, weil die Qualifikation fehlte.

3. Bedürfnisse und Freizeit

1. Mit Freunden reden	5. Geld verdienen
2. Erwachsenen- oder Berufsbildung	6. Auf dem Feld arbeiten
3. Bei der Familie bleiben	(7. Bier trinken)
4. Ehrenamtliche Arbeit	

Tabelle 4: Freizeitbedürfnisse

An oberster Stelle stehen entspannende Beschäftigungen gemeinsam mit Freunden oder Familie, die Befriedigung des Bedürfnisses nach Zuneigung und Zugehörigkeit. Es folgt das Bedürfnis nach Selbstverwirklichung durch eine bessere Bildung. Allerdings ist es hier ebenso wie bei den übrigen Antworten schwierig, den Wunsch von den aktuellen Verhältnissen zu lösen: im Untersuchungsgebiet war ein relativ dichtes Netz von Schreib- und Lesekursen organisiert.

Zu den ehrenamtlichen Tätigkeiten für Partei oder Regierung wurden gemeinsame Dorfaktivitäten gezählt, darunter gemeinsame Feldbestellung und Straßenbauarbeiten. Auch hier gehen Verpflichtung und Freiwilligkeit ineinander über. Da jedoch kein absoluter Zwang ausgeübt wurde, andererseits die Gemeinschaftsaktivitäten in ihrer politischen Bedeutung immer wieder betont werden, kann bis zu einem gewissen Grad das Bedürfnis nach Achtung und Ansehen befriedigt werden.

Mit gleicher Häufigkeit wurden berufliche Tätigkeiten gewählt. Darin kommt einmal zum Ausdruck, daß die bei uns übliche Trennung zwischen Beruf und Freizeit natürlich in erster Linie ein Produkt der Industriegesellschaft ist und nicht ohne weiteres übertragen werden kann. Doch zum anderen bestehen feste Vorstellungen über das Arbeiten als Tätigkeit zur materiellen Lebenssicherung und die dafür notwendige Zeit. Insofern spielt es doch eine Rolle, wenn die Freizeittätigkeiten zugunsten des Bedürfnisses nach materieller Sicherung und Beschäftigung eingeschränkt werden müssen.

4. Bedürfnisprioritäten zwischen Arbeitszeit und Freizeit

Hieraus ergibt sich die Frage, welches das höhere Gut sei, die unmittelbare Bedürfnisbefriedigung in der freien Tätigkeit oder die mittelbare, durch mehr Ertrag motivierte Bedürfnisbefriedigung aufgrund zusätzlicher Arbeit? Ist es überhaupt möglich, mehr zu arbeiten? Es mag für ein Gebiet mit hohem Arbeitskräfteüberschuß paradox klingen – doch lassen sich zwei mögliche Entwicklungslinien bezüglich des Arbeitsangebots festhalten, die beide zur Folge haben, daß neben Boden und Kapital auch Arbeit zum knappen Produktionsfaktor wird. Zum einen erhöhen ungünstige Austauschrelationen zwischen landwirtschaftlicher Arbeit und industriellen Konsumgütern die Mußepräferenz, d. h. das Bedürfnis nach freier Zeit, und begrenzen dadurch das landwirtschaftliche Arbeitsangebot. Zum anderen – und dies dürfte in den Usambara-Bergen noch eher zutreffen – drücken durch Bodenerosion und ausbleibende Regenfälle sich verschlechternde Umweltbedingungen den zur Befriedigung der Subsistenzbedürfnisse notwendigen Arbeitseinsatz in die Nähe des physischen Maximums.

Die Antworten auf die Frage, was denn nun wichtiger sei, mehr freie Zeit zu haben oder hart zu arbeiten, bestätigten das Ergebnis der Bedürfnisrangordnung. Alle Gruppen entschieden sich für das harte Arbeiten. Freizeit hat keinen Stellenwert als besserer Teil einer Alternative zu Arbeit in einem Kulturbereich bzw. in einer ökonomischen Situation, in der nur gegessen werden kann, was zuvor mit eigenen Händen gepflanzt und gepflegt worden ist. Die gegebenen Begründungen weisen auf diesen Sachverhalt hin: „Härtere Arbeit bedeutet größere Ernte und damit mehr zu essen" und „Es ist besser, schwer zu arbeiten, um etwas zu erreichen, als müßig zu bleiben und nichts zu bekommen".

Im Gegensatz zu den Industrieländern sind die gesellschaftlichen Verhältnisse bei den Shambaa nicht so beschaffen, daß sie den Gegensatz von entfremdeter Arbeit und konsumorientierter Freizeit zulassen könnten. Die im Untersuchungsgebiet vorherrschende Subsistenzwirtschaft erlaubt weder Lohnabhängigkeit noch Geldeinkommen für nennenswerten Konsum. Dennoch besteht auch im Bewußtsein der Bevölkerung, eine klare Trennung zwischen Arbeitszeit und arbeitsfreier Zeit, die allerdings mit Bedürfnisinhalten besetzt sind, die von denen der Industrieländer abweichen. Die bäuerliche Arbeit auf dem eigenen Feld spricht alle aufgezeigten Grundbedürfnisse an und befriedigt sie weitgehend. Die physiologischen Bedürfnisse werden teilweise – nach Nahrung und Unterkunft – unmittelbar ohne Tauschprozesse abgedeckt. Dem Sicherheitsbedürfnis ist durch die sehr hoch veranschlagte Unabhängigkeit von Andern genüge getan. Für soziale Kontakte ist in der Gruppenarbeit ebenso wie für Achtung und Ansehen in der Dorfgemeinschaft gleichermaßen gesorgt, doch scheint die Befriedigung dieser Bedürfnisse im Arbeitsprozeß gegenüber den zuvor genannten eine untergeordnete Rolle zu spielen. Freude an der Arbeit wird trotz ihrer klima- und bodenbedingten Mühseligkeit vergleichsweise hoch eingeschätzt, ein Zeichen für Selbstverwirklichung in der selbstbestimmten Tätigkeit.

In der arbeitsfreien Zeit werden erwartungsgemäß die zuvor etwas weniger beachteten ‚höheren' Bedürfnisse befriedigt, in erster Linie das soziale Bedürfnis nach Zuneigung und Zugehörigkeit im Kontakt mit Familie und Freunden. Demgegenüber fallen zweitens die psychischen Bedürfnisse nach Selbstverwirklichung in Form von Weiterbildung sowie nach Ansehen durch Übernahme ehrenamtlicher Arbeit bereits deutlich schwächer aus.

Anhang

Literatur

Abromeit, H.: Das Politische in der Werbung, Opladen 1972.

Adorno, T. W.: Thesen über Bedürfnis, in: Soziologische Schriften I, Gesammelte Schriften Bd. 8, Frankfurt/M. 1972, S. 392–396.

Badura, B.: Bedürfnisstruktur und politisches System, Stuttgart 1972.

Bahrdt, H. P. Die moderne Großstadt. Soziologische Überlegungen zum Städtebau, Hamburg 1961.

Baier, K., Rescher, N., Hg.: Values and the future. The impact of technological change on American values, New York 1969.

Barnes, S. H., Inglehart, R.: Affluence, individual values and social change, in: Strümpel 1974, S. 153–184.

Beer, U.: Konsumerziehung gegen Konsumzwang, Tübingen 1967.

Benedict, R.: Urformen der Kultur, Hamburg 1955.

Biervert, B., Schaffartzik, K. H., Schmölders, G., Hg.: Konsum und Qualität des Lebens, Opladen 1974.

Biervert, B.: Subjektive Sozialindikatoren. Ansatzpunkte einer sozioökonomischen Theorie der Bedürfnisse, in: Dierkes 1975, S. 97–109.

Birnbacher, D.: Rawls' Theorie der Gerechtigkeit und das Problem der Gerechtigkeit zwischen den Generationen, Zeitschrift für philosophische Forschung 31 (1977), S. 385–401.

Blume, O.: Werbung und Verbraucher, Markenartikel 35 (1973), S. 198–202.

Bossel, H.: Notes on basic needs, priorities ans normative change, Karlsruhe 1975.

Bradburn, N. M.: The structure of psychological well-being, Chicago 1969.

Brauchli, M.: Die Entwicklung der Nachfrage als begrenzender Faktor des Branchenwachstums, St. Gallen 1971.

Brede, K., Siebel, W.: Zur Kritik der Bedürfnisforschung, Leviathan 5 (1977), S. 1–24.

Brentano, L.: Versuch einer Theorie der Bedürfnisse. Sitzungsberichte der Königlich Bayrischen Akademie der Wissenschaften. Philosophisch-philologische und historische Klasse, Jg. 1908, 10. Abhandlung (enthalten in: Konkrete Grundbedingungen der Volkswirtschaft. Gesammelte Aufsätze, Leipzig 1924).

Brook, P.: Der leere Raum, Hamburg 1969.

Brun, R., Hg.: Der neue Konsument, Frankfurt/M. 1978.

Campbell, A., Converse, P., Rodgers, W.: The quality of American life, New York 1976.

Cantril, H.: The pattern of human concerns, New Brunswick/New York 1965.

Commandeur, C., Nokielski, H.: Konsum und Urbanität. Funktionale Differenzierungen und soziale Bezüge urbanen Käuferverhaltens, Sociologia Internationalis 15 (1977).

Council of Environmental Quality: Environmental Quality, The 6th Annual Report, Washington 1975.

Dalkey, N. C., Rourke, D. L., Lewis, R., Snyder, D.: Studies in the quality of life, Lexington, Mass. 1972.

Dichtl, E.: Marketing – Politik zwischen Profit und sozialer Verantwortung, Jahrbuch der Absatz- und Verbraucherforschung 20 (1974), S. 128–143.

Dierkes, M., Hg.: Soziale Daten und politische Planung. Sozialindikatorenforschung in der BRD und den USA, Frankfurt/New York 1975.

Döbler, M.: Triebkraft Bedürfnis. Zur Entwicklung der Bedürfnisse der sozialistischen Persönlichkeit, Berlin (DDR) 1969.

Duesenberry, J. S.: Income, savings, and the theory of consumer behavior, Cambridge, Mass. 1949.

–: Die Beziehungen zwischen Einkommen und Konsum und ihre Folgen, in: Streissler und Streissler 1966, S. 277–301.

Durkheim, E.: Suicide. A study in sociology, 3. Aufl., London 1975 (Erstausgabe 1897).

Durth, W.: Die Inszenierung der Alltagswelt. Zur Kritik der Stadtgestaltung, Braunschweig 1977.

Easterlin, R. A.: Does economic growth improve the human lot? Some empirical evidence, in: David, P. A., Reder, M. W., Hg: Nations and households in economic growth: Essays in honor of Moses Abramovitz, Palo Alto 1975, S. 89–125.

Eckert, W.: Konsument und Einkaufszentren. Grundlagen privater und kommunaler Einkaufszentrenplanung, Wiesbaden 1978.

Enzensberger, H. M.: Baukasten zu einer Theorie der Medien, Kursbuch 20 (1970), S. 159–186 (auch enthalten in: Enzensberger 1974).

–: Palaver. Politische Überlegungen (1967–1973), Frankfurt/M. 1974.

Eppler, E.: Maßstäbe für eine humane Gesellschaft: Lebensstandard oder Lebensqualität? Stuttgart 1974.

Erdmann, Z.-M.: Psychodrama, Düsseldorf 1975.
Erikson, S. H.: Kindheit und Gesellschaft, 3. Aufl., Stuttgart 1968.
Etzioni, A.: The active society, London 1968.
Everett, M. S.: Ideals of life, New York 1954.
Fetscher, I.: Überlebensbedingungen der Menschheit – Zur Dialektik des Fortschritts, Konstanz 1976.
Fietkau, H. J., Hüttner, H. J.: Bürgerengagement in Umweltschutz-Bürgerinitiativen, Gegenwartskunde 28 (1979), S. 29-38.
Forschungsstelle für den Handel e. V. (FfH): Die Bedeutung der Fußgängerzonen für den Strukturwandel im Einzelhandel, Berlin 1978.
Fourastié, J.: Die große Hoffnung des zwanzigsten Jahrhunderts, Köln 1954.
–: Gesetze der Wirtschaft von morgen. Drei grundlegende Essays, Düsseldorf 1967.
Freie Planungsgruppe Berlin: Entwicklungsplanung Osterode am Harz, Berlin 1972.
Friedmann, Y.: Machbare Utopien. Absage an geläufige Zukunftsmodelle, Frankfurt/M. 1977.
Fromm, E.: Psychoanalyse und Ethik, Konstanz 1954.
–: Die Revolution der Hoffnung. Für eine humanisierte Technik, Stuttgart 1971.
–: Haben oder Sein. Die seelischen Grundlagen einer neuen Gesellschaft, Stuttgart 1976.
Galbraith, J. K.: Gesellschaft im Überfluß, München/Zürich 1972 (dt. Erstausgabe 1959).
–: Die moderne Industriegesellschaft, München/Zürich 1972 (dt. Erstausgabe 1968).
Galtung, J.: The Basic Needs Approach, in: Lederer 1979.
Gehlen, A.: Urmensch und Spätkultur, 2. Aufl. Frankfurt/M. 1964.
–: Das entflohene Glück. Deutung der Nostalgie, in: Was ist Glück? Ein Symposium, München 1976, S. 26–38.
Glaeser, B.: Arbeit und Freiheit bei Herbert Marcuse, Zeitschrift für philosophische Forschung 24 (1970), S. 589–596.
–: Umweltschonende Agrartechnologie im Rahmen bedürfnisorientierter Entwicklung. Ein Beitrag zur Ökoentwicklung in Tanzania, Berlin 1978 (Papers aus dem Internationalen Institut für Umwelt und Gesellschaft).
Goldsmith, E., Allen, R.: Planspiel zum Überleben. Ein Aktionsprogramm, Stuttgart 1972.
Gordon, T. J., Ament, R. H.: Forecasts of some technological and scientific

developments and their societal consequences, in: Teich, A. H., Hg: Technology and man's future, New York 1972, S. 5–21.

Grasskamp, W.: Warum ist es auf dem Flohmarkt so schön, in: Architektur-Museum Aachen, Hg.: Öffentliche Feste in der Stadt, Aachen 1978.

Hall, E.: Die Sprache des Raumes, Düsseldorf 1976.

Harich, W.: Kommunismus ohne Wachstum? Babeuf und der ‚Club of Rome', Reinbek 1975.

Heckhausen, S.: Nachholbedarf an haushaltsorientierter Infrastruktur in den Regionen der Bundesrepublik Deutschland, Göttingen 1976.

Heller, A.: Theorie der Bedürfnisse bei Marx, Berlin 1976.

Hermann, F. B. W. von: Staatswirtschaftliche Untersuchungen, München 1870.

Herrmann, T.: Psychologie und die „wahren Bedürfnisse", in: Moser/Ropohl/Zimmerli 1978, S. 51–66.

Hesse, J. J.: Stadtentwicklungsplanung: Zielfindungsprozesse und Zielvorstellungen, Stuttgart 1972.

Hirsch, F.: The social limits of growth, Cambridge, Mass. 1976.

Hobbes, T.: Naturrecht und allgemeines Staatsrecht in den Anfangsgründen, hg. Toennies, Berlin 1926.

Hofstätter, P. R.: Bedarf und Bedürfnis, in: Fischerlexikon Psychologie, S. 48–54.

–: Einführung in die Sozialpsychologie, Stuttgart 1966.

Hondrich, K. O.: Wirtschaftliche Entwicklung, soziale Konflikte und politische Freiheiten, Frankfurt/M. 1970.

–: Demokratisierung und Leistungsgesellschaft. Macht- und Herrschaftswandel als sozio-ökonomischer Prozeß, Stuttgart 1972a.

–: Systemanalyse, politische Ökonomie, Bedürfnistheorie. Zur forschungspragmatischen Integration divergierender Theorieansätze, Kölner Zeitschrift für Soziologie und Sozialpsychologie 24 (1972b), S. 232–247.

–: Bedürfnisorientierungen und soziale Konflikte. Zur theoretischen Begründung eines Forschungsprogramms, Zeitschrift für Soziologie 2 (1973), S. 263–281.

–: Menschliche Bedürfnisse und soziale Steuerung. Eine Einführung in die Sozialwissenschaft, Reinbek 1975a.

–: Machen soziale Reformen glücklich? DIE ZEIT, 18. 7. 1975, S. 14 (1975b).

–: Soziologische Theorieansätze und ihre Relevanz für die Sozialpolitik – Der bedürfnistheoretische Ansatz, in: Ferber, C. von, Kaufmann, F. X.,

Hg.: Soziologie und Sozialpolitik, Kölner Zeitschrift für Soziologie und Sozialpsychologie, Sonderheft 19, Köln 1977, S. 213–231.
–: Instrumente der Bedürfnis- und Bedarfsermittlung im Planungsprozeß: Kritische Darlegung aus der Sicht des bedürfnistheoretischen Ansatzes, in: Molt und Rosenstiel 1978, S. 139–152.
–: Bedürfnisse, Werte und soziale Steuerung, in: Klages und Kmieciak 1979 (im Druck).
Horn, K.: Zur individuellen Bedeutung und gesellschaftlichen Funktion von Werbeinhalten, in: Zoll, R.; Hg.: Manipulation der Meinungsbildung, Opladen 1971, S. 201–241.
–: Eine Kaffeefahrt nach Belgien, Verbraucherrundschau, Heft 1, 1976
Hoyt, E. E.: Want development in undeveloped areas, Journal of political economy 59 (1951), S. 194–202.
Hunziker, P.: Erziehung zum Überfluß. Soziologie des Konsums, Stuttgart 1972.
IFO-Institut für Wirtschaftsforschung: Wettbewerbssituation und -entwicklung des Einzelhandels in der Bundesrepublik Deutschland, München 1976.
Imobersteg, M.: Die Entwicklung des Konsums mit wachsendem Wohlstand, St. Gallen 1967.
Inglehart, R.: The silent revolution. Changing values & political styles among western publics, Princeton, N. J. 1977.
Inkeles, A.: Industrial man: the relation of status to experience, perception and value, American journal of sociology 66 (1960), S. 1–31.
Israel, J.: Der Begriff der Entfremdung. Makrosoziologische Untersuchung von Marx bis zur Soziologie der Gegenwart, Reinbek 1972.
Jochims, R.: Visuelle Identität, Frankfurt/M. 1975.
Jouvenel, B. de: The ethics of redistribution, Cambridge 1951.
–: Jenseits der Leistungsgesellschaft. Elemente sozialer Vorausschau und Planung, Freiburg i. Br. 1970.
Katona, G.: Das Verhalten der Verbraucher und Unternehmer. Über die Beziehungen zwischen Nationalökonomie, Psychologie und Sozialpsychologie, Tübingen 1960.
–: Die Macht des Verbrauchers, Düsseldorf/Wien 1962.
–: Der Massenkonsum. Eine Psychologie der neuen Käuferschichten, Wien/Düsseldorf 1965.
Katona, G., Strümpel, B., Zahn, E.: Zwei Wege zur Prosperität. Konsumverhalten, Leistungsmentalität und Bildungsbereitschaft in Amerika und Europa, Düsseldorf/Wien 1971.

Klages, H., Kmieciak, P., Hg.: Wertwandel und gesellschaftlicher Wandel, Frankfurt/M. 1979.

Kmieciak, P.: Wertstruktur und Wertwandel in der Bundesrepublik Deutschland, Göttingen 1976.

Koch-Straube, U., Koch, H.-B., Leisler, R.: Altersforschung. Ein Lernprogramm für die soziale Praxis, Stuttgart 1973.

Kolakowski, L.: Marxismus – Utopie und Antiutopie, Stuttgart 1974.

Kotik, J.: Konsum oder Verbrauch. Gesellschaftlicher Reichtum, Gebrauchswert, Nutzungsprozeß, Bedürfnisse, Hamburg 1974.

Krelle, W.: Präferenz- und Entscheidungstheorie, Tübingen 1968.

Kroeber-Riel, W.: Konsumentenverhalten, Frankfurt/M. 1975.

Krupp, H.-J., Zapf, W.: Sozialpolitik und Sozialberichterstattung, Frankfurt/New York 1977.

Kumm, P.: Wirtschaftswachstum – Umweltschutz – Lebensqualität, Stuttgart 1975.

Kundler, H., Hg.: Anatomie des Glücks, Köln 1971.

Lancaster, K.: Change and innovation in the technology of consumption, American economic review 56 (1966), S. 14–23.

Lederer, K., Mackensen, R.: Gesellschaftliche Bedürfnislagen, Göttingen 1975.

Lederer, K., Hg.: Human needs. A contribution to the current debate, 1979 (in Vorbereitung).

Lehmann, G.: Wirtschaftswachstum im Gleichgewicht, Stuttgart 1975.

Leibenstein, H.: Mitläufer-, Snob- und Veblen-Effekte in der Theorie der Konsumentennachfrage, in: Streissler und Streissler 1966, S. 231–255.

Leiss, W.: The limits to satisfaction: an essay on the problem of needs and commodities, Toronto 1976.

Leitherer, E.: Absatzlehre, Stuttgart 1969.

Lenk, K.: Wie demokratisch ist der Parlamentarismus? – Grundpositionen einer Kontroverse, Stuttgart 1972.

Lieb, W.: Wirtschaftspolitische Möglichkeiten zur Einsparung von Energie im Verkehr, in: Meyer-Abich 1978, S. 839–1016.

Linder, S. B.: Das Linder-Axiom oder Warum wir keine Zeit mehr haben, Gütersloh/Wien 1971.

Lübbe, H.: Politische Philosophie in Deutschland. Studien zu ihrer Geschichte, Basel 1963.

Luhmann, H.-J.: Wirtschaftspolitische Maßnahmen zur Energieeinsparung im Haushalt, in: Meyer-Abich 1978, S. 597–838.

Mallmann, C.: Needs and processes, goals and indicators, in: Lederer 1979.

Malinowski, B.: Eine wissenschaftliche Theorie der Kultur, Zürich 1949.

Manz, G.: Zu den Wechselbeziehungen zwischen Lebensniveau und individuellen Bedürfnissen, Wirtschaftswissenschaft 19 (1971), S. 1639–1651.

Marcuse, H.: Zur Kritik des Hedonismus, in: Kultur und Gesellschaft 1, Frankfurt/M. 1965, S. 128–168.

–: Bemerkungen zu einer Neubestimmung der Kultur, in: Kultur und Gesellschaft 2, Frankfurt/M. 1966, S. 147–171.

–: Der eindimensionale Mensch. Studien zur Ideologie der fortgeschrittenen Industriegesellschaft, Neuwied/Berlin 1967a.

–: Das Ende der Utopie, Berlin 1967b.

–: Friede als Utopie, Neues Forum 15 (1968), S. 705–707.

–: Befreiung von der Überflußgesellschaft, Kursbuch 16 (1969), S. 185–198.

Marcuse, L.: Philosophie des Glücks. Von Hiob bis Freud, Zürich 1948.

Martineau, P.: Kaufmotive. Neue Weichenstellung für Werbung und Kundenpflege, Düsseldorf 1959.

Marx, K.: Kritik des Gothaer Programms (1875), in: Marx-Engels Werke, Bd. 19, Berlin (DDR) 1962, S. 11–32.

Maslow, A. H.: A theory of human motivation, Psychological review 50 (1943), S. 370–396.

–: Motivation and personality, New York 1964.

McClelland, D. C.: Personality, New York 1960.

–: Die Leistungsgesellschaft. Psychologische Analyse der Voraussetzungen wirtschaftlicher Entwicklung, Stuttgart 1966.

Meadows, D. u. a.: Die Grenzen des Wachstums. Bericht des Club of Rome zur Lage der Menschheit, Reinbek 1973.

Menger, C.: Grundsätze der Volkswirtschaftslehre, 2. Aufl. Wien/Leipzig 1923.

Mesarović, M., Pestel, E.: Menschheit am Wendepunkt. 2. Bericht des Club of Rome zur Weltlage, Stuttgart 1974.

Meyer-Abich, K. M., Hg.: Wirtschaftspolitische Steuerungsmöglichkeiten zur Einsparung von Energie durch alternative Technologien; Studie der Arbeitsgruppe Umwelt, Gesellschaft, Energie (AUGE) der Universität Essen und des Energiewirtschaftlichen Instituts an der Universität Köln (EWI) für das Bundesministerium für Forschung und Technologie, Essen 1978.

–, Hg.: Energieeinsparung als neue Energiequelle. Wirtschaftspolitische Möglichkeiten und alternative Technologien, München 1979.

Meyer-Dohm, P.: Bemerkungen zur Konsumkritik, Hamburger Jahrbuch für Wirtschafts- und Gesellschaftspolitik 5 (1960), S. 168–183.

–: Der private Haushalt im Prozeß der Bedarfsdifferenzierung, in: Neumark 1964, Bd. 1, S. 67–99.

Mill, J. St.: Principles of political economy, London 1848.

Mishan, E. J.: The costs of economic growth, London 1967.

Molitor, B.: Konsument – Opfer des Marketing?, Marketing Journal 7 (1974), S. 94–106.

Molt, W., Rosenstiel, L. von, Hg.: Bedarfsdeckung oder Bedürfnissteuerung, Berlin 1978.

Moser, S., Ropohl, G., Zimmerli, W. Ch., Hg.: Die „wahren" Bedürfnisse, oder: Wissen wir, was wir brauchen?, Basel/Stuttgart 1978.

Müller, J. B.: Bedürfnis und Gesellschaft. Bedürfnis als Grundkategorie im Liberalismus, Konservatismus und Sozialismus, Stuttgart 1971.

Neske, F., Heuer, G. F.: Handlexikon Werbung & Marketing, Frankfurt/M. 1971.

Neumark, F., Hg.: Strukturwandlungen einer wachsenden Wirtschaft, 2 Bde., Berlin 1964.

Nokielski, H.: Räumliches Verhalten und Stadtteilidentität. Darstellung einer Forschungsperspektive, in: Rohe, K. und Kühr, H., Hg.: Politik und Gesellschaft im Ruhrgebiet. Beiträge zur regionalen Politikforschung, Meisenheim am Glan 1979 (in Vorbereitung).

Offe, C.: Politische Herrschaft und Klassenstrukturen. Zur Analyse spätkapitalistischer Gesellschaftssysteme, in: Kress, G., Senghaas, D., Hg.: Politikwissenschaft. Eine Einführung in ihre Probleme, Frankfurt/M. 1972, S. 135–164.

Packard, V.: Die geheimen Verführer. Der Griff nach dem Unbewußten in jedermann, Düsseldorf 1974.

–: Die große Verschwendung, Frankfurt/Hamburg 1964.

Parsons, T.: The social system, Glencoe 1951.

Pasolini, P. P.: Freibeuterschriften – Die Zerstörung der Kultur des Einzelnen durch die Konsumgesellschaft, Berlin 1978.

Patzig, G.: Der Unterschied zwischen subjektiven und objektiven Interessen und seine Bedeutung für die Ethik, Göttingen 1978.

Popper, K. R.: Die offene Gesellschaft und ihre Feinde, 2 Bde., Bern/München 1958.

Rawls, J.: Eine Theorie der Gerechtigkeit, Frankfurt/M. 1975.

Reeves, R.: Werbung ohne Mythos, München 1969.

Rescher, N.: Introduction to value theory, Englewood Cliffs, N. J. 1975.

–: Welfare. The social issues in philosophical perspective, Pittsburgh 1972.
Riedwyl, H., Thomet, F.: Zum Problem der Sättigung, Schweizerische Zeitschrift für Volkswirtschaft und Statistik 102 (1966), S. 157–178.
Riesman, D.: Wohlstand wofür? Frankfurt/M. 1973.
Rist, G.: Why is the concept of „basic needs" becoming necessary, Arbeitspapier, vorgelegt zum 1. Workshop des United Nations University-Projekts „Goals, processes and indicators of development", Genf 1978.
Römer, R.: Die Sprache der Anzeigenwerbung, Düsseldorf 1968.
Ropohl, G.: Bedürfnisforschung und soziotechnische Praxis, in: Moser/Ropohl/Zimmerli 1978, S. 111–133.
Rothenberg, J.: Wiedersehen mit der Konsumentensouveränität und Entdeckung der Vorteile der Wahlfreiheit, in: Streissler und Streissler 1966, S. 470–485.
Runciman, W. G.: Relative deprivation and social justice. A study of attitudes to social inequality in twentieth-century England, London 1966.
Samuelson, P. A.: Volkswirtschaftslehre, 2 Bde., Köln 1975.
Scherf, G. W. H.: Consumer dissatisfaction as a function of dissatisfaction with interpersonal relations, Journal of applied psychology 55 (1974), S. 465–471.
Scherhorn, G.: Bedürfnis und Bedarf. Sozialökonomische Grundbegriffe im Lichte der neueren Anthropologie, Berlin 1959.
–: Soziologie des Konsums, in: König, R., Hg.: Handbuch der empirischen Sozialforschung, Bd. 2, Stuttgart 1967, S. 834–862.
–: Gibt es eine Hierarchie der Bedürfnisse? Thesen zur Entwicklung der Bedarfe in der Konsum- und Arbeitswelt, in: Biervert/Schaffartzik/Schmölders 1974, S. 291–303.
Scheuch, E.: Einkaufsbummel und Einkauf als Kern städtischen Lebens, Selbstbedienung und Supermarkt, Heft 3, 1972, S. 14–25.
Schmidbauer, W.: Homo consumens, Stuttgart 1972.
Schmölders, G.: Der private Haushalt als Gegenstand der Verhaltensforschung, in: Schneider, F., Hg.: Die Finanzen des privaten Haushalts. Festschrift für Walter Kaminsky, Frankfurt/M. 1969, S. 45–56.
–: Bedürfnis und Bedarf, in: Moser/Ropohl/Zimmerli 1978, S. 99–110.
Schmölders, G., Biervert, B.: Level of aspiration and consumption standard: some general findings, in: Strümpel/Morgan/Zahn 1972, S. 213–227.
Schoeck, H.: Der Neid und die Gesellschaft, Freiburg i. Br. 1971.
Schönbohm, W.: Die Thesen der APO. Argumente gegen die radikale Linke, Mainz 1969.

Schopenhauer, A.: Aphorismen zur Lebensweisheit, in: Parerga und Paralipomena I (1851).

Schubert, H. A.: Soziologie städtischer Wohnquartiere, Frankfurt/New York 1977.

Schultz, H. J., Hg.: Was der Mensch braucht. Anregungen für eine neue Kunst zu leben, Stuttgart 1977.

Schwonke, M.: Kommunikation in städtischen Gemeinden, in: Pehnt, W., Hg.: Die Stadt in der Bundesrepublik, Stuttgart 1974, S. 45–63.

Scitovsky, T.: Zum Prinzip der Konsumentensouveränität, in: Streissler und Streissler 1966, S. 486–494.

–: Psychologie des Wohlstands. Die Bedürfnisse des Menschen und der Bedarf des Verbrauchers, Frankfurt/New York 1977.

Simmel, G.: Philosophie des Geldes, Leipzig 1908.

–: Die Großstadt und das Geistesleben, Jahrbuch der Gehe-Stiftung 9 (1903), S. 185–206.

–: Soziologie, Berlin 1908.

Staudt, K.: edition „e", Buch 3, Dinkelscherben 1975.

Streissler, E., Streissler, M., Hg.: Konsum und Nachfrage, Köln/Berlin 1966.

Strümpel, B.: Konsumentenverhalten und wirtschaftliche Entwicklung, in: Schmölders, G., Hg.: Wirtschaftstheorie als Verhaltenstheorie, S. 62–78.

–, Hg.: Subjective elements of well-being, Paris 1974.

–: Economic stress as a source of societal discontent, in: Biervert/Schaffartzik/Schmölders 1974, S. 421–464.

Strümpel, B., Morgan, J. N., Zahn, E., Hg.: Human behavior in economic affairs, Amsterdam 1972.

Swoboda, H.: Die Qualität des Lebens. Vom Wohlstand zum Wohlbefinden, Frankfurt/M. 1974.

Tenbruck, F. H.: Zur Kritik der planenden Vernunft, Freiburg/München 1972.

Topitsch, E.: Vom Ursprung und Ende der Metaphysik. Eine Studie zur Weltanschauungskritik, Wien 1958.

–: Sozialphilosophie zwischen Ideologie und Wissenschaft, Neuwied/Berlin 1961.

–: Gottwerdung und Revolution, Pullach 1973.

Veblen, T.: Theorie der feinen Leute, Köln 1958 (Erstausgabe 1899).

Wack, P.: Eine Theorie des Einkaufsverhaltens, Berlin 1975.

Waltuch, K. K.: Entwicklungsproportionen und Befriedigung der Bedürfnisse, Berlin (DDR) 1972.

Weber, M.: Grundriß der Sozialökonomik III, Wirtschaft und Gesellschaft, Tübingen 1922.

Weeber, H.: Der Fußgänger beim Einkauf in der City. Leistungsbereitschaft, Zeitaufwand und beeinflussende Faktoren, hg. von der Forschungsgemeinschaft Bauen und Wohnen, Stuttgart 1973.

Weigel, H., Hg.: Wie sieht erfülltes Leben aus? Stuttgart 1976.

Weisser, G.: Gemeinwirtschaftlichkeit bei Einzelwirtschaften, Frankfurt/Köln 1974.

Weisskopf, W. A.: Economic growth and human well-being, Quarterly review of economics and business 4 (1964), S. 17–29.

–: Alienation and economics, New York 1971.

Wilson, W.: Correlates of avowed happiness, Psychological bulletin 67 (1967), S. 294–306.

Wiswede, G.: Soziologie des Verbraucherverhaltens, Stuttgart 1972a.

–: Der Mythos vom manipulierten Verbraucher. Eine gesellschaftskritische These im Lichte sozialwissenschaftlicher Verhaltenstheorie, Jahrbuch der Absatz- und Verbraucherforschung 18 (1972b), S. 157–170.

–: Motivation und Verbraucherverhalten. Grundlagen der Motivforschung, 2. neubearbeitete Aufl., München/Basel 1973.

Woll, A.: Allgemeine Volkswirtschaftslehre, Berlin/Frankfurt 1969.

Zapf, W.: Zur Messung der Lebensqualität, Zeitschrift für Soziologie 1 (1972), S. 353–376.

Anmerkungen

1 Adam Smith, Wealth of Nations, Buch IV, Kap. 8

2 Die Unsicherheit und die Kontroverse über die Frage, welches ‚wahre' oder ‚falsche', ‚echte' oder ‚künstliche' usf. Bedürfnisse sind, ist so alt wie die Bedürfnisdiskussion selbst und ihr wichtigstes, gleichzeitig auch ihr schwierigstes Thema. Es ergibt sich gleichsam zwangsläufig aus den Eigenschaften von Bedürfnissen, s. hierzu Abschnitt 2 in diesem Beitrag.

3 Beispiele dafür sind etwa die Bürgerrechtsbewegungen in sozialistischen Ländern im Gefolge der Konferenz für Sicherheit und Zusammenarbeit in Europa, Helsinki 1975 und die Umweltbewegung in westlichen Industrieländern, innerhalb derer sich namentlich in der Bundesrepublik eine bedeutende Anzahl von aktiven Bürgerinitiativen gebildet hat.

4 Der Maslowschen Bedürfnishierarchie ähnliche Systematiken finden sich etwa bei Erikson 1965 und McClelland 1951; ein neueres Beispiel für die Verwendung von Maslows Kategorien in der empirischen Bedürfnisforschung ist eine Untersuchung von Bernhard Glaeser in Tanzania, s. dessen Beitrag in diesem Buch und Glaeser 1978.

5 Solche Schemata haben beispielsweise Johan Galtung und Carlos Mallmann entwickelt; s. Galtung 1979, Mallmann 1979.

6 Über eine solche oder ähnliche Vorstellung über die Entwicklung von Bedürfnissen im Zeitablauf scheint unter den beteiligten Forschern Einigkeit zu herrschen. Mit einigen Variationen findet sie sich wieder etwa bei Arnold Gehlen, Ernst Bloch, Bronislaw Malinowski und Max Scheler.

7 Der Begriff ‚Komplexität der Bedürfnisse' ist m. W. grundsätzlich von Waltuch (1972) in die Bedürfnisdiskussion eingebracht worden. Er beschrieb damit allerdings nicht die vielfache Vernetzung von Grundbedürfnissen und Bedürfnissen (wie in dem hier vorliegenden Text geschehen), sondern diejenige von Bedürfnissen und Mitteln zur Bedürfnisbefriedigung. Die Beobachtung bezieht sich zwar auf unterschiedliche Ebenen, ist jedoch der Art nach gleich, weswegen eine Begriffsübertragung unproblematisch erscheint.

8 Ein dezidierter Kritiker von Begriff und Konzept der Systembedürfnisse ist Johan Galtung. Galtung vertritt die Ansicht, daß Bedürfnisse ausschließlich an Personen gebunden sein müssen, weil sie Wahrnehmungs- und Empfindungsfähigkeit voraussetzen, die weder homogene soziale Gruppen noch gar Gesellschaften als ganze haben können; vgl. Galtung 1979. Diese Ansicht ist plausibel, jedoch m. E. nicht zwingend. Der Begriff Systembedürfnisse kann sehr wohl sinnvoll sein, wenn man davon ausgeht, daß manche Bedürfnisse der Menschen, zumal in stark arbeitsteiligen Gesellschaften, zweckmäßiger indirekt befriedigt werden. In dem Fall ist dann einzig noch kritisch zu prüfen, *wer* die Systembedürfnisse definiert.

9 Im Rahmen eines von der Freien Planungsgruppe Berlin durchgeführten Sanierungsgutachtens für die Stadt Osterode/Harz wurden bei blockweisen Bürgerversammlungen sozialstatistische Daten der Teilnehmer erhoben, die eine überproportionale Repräsentanz der privilegierten Bevölkerungsschichten deutlich belegen; s. Freie Planungsgruppe Berlin 1972. Ähnliche Anhaltspunkte, wenn auch schwächere, ergaben Erhebungen zu der Sozialstruktur von Bürgerinitiativen in Berlin Ende 1978; vgl. Hans Joachim Fietkau und Herbert J. Hüttner 1979.

10 Im Umweltbericht 1975 des US-amerikanischen Council of Environmental Quality wird dieses Problem ausführlich behandelt; s. Council of Environmental Quality 1975

11 vgl. etwa die Statistischen Jahrbücher der Vereinten Nationen.

12 An diesem Punkt treffen sich die Argumentationslinien der Bedürfnisforschung und der Dezentralisierungsdebatte; ‚small' ist nicht nur ‚beautiful', sondern vielfach auch bedürfnisgerecht.

13 Schiller, Über die ästhetische Erziehung des Menschen in einer Reihe von Briefen, 9. Brief.

14 Ich folge hier der Analyse von W. Lieb in: Meyer-Abich 1979, Kapitel 4.

15 Nach einer Untersuchung von H.-J. Luhmann in: Meyer-Abich 1979, Kapitel 3.

16 Um der Identifikation aus *eigener Einsicht* willen hat auch Platon, recht verstanden, niemand belehren oder gar überreden wollen, sondern Dialoge geschrieben, welche aufgrund dieser Qualität sogar für ‚aporetisch' gelten. Platon schreibt wie ein Bildhauer arbeitet. Sein Argumentieren ist wie das Abtrennen von Steinbrocken, um die Gestalt oder Statue herauszuarbeiten. Es gibt aber seit der Ermordung des Sokrates eine

erstaunliche Tradition, das so Gesagte oder Versagte nicht wahrhaben zu wollen. Dabei wird das Werk eines Bildhauers doch auch nicht nach den Steintrümmern beurteilt, die den Weg zu dem Werk säumen, das letztlich hervorgebracht wird.

17 So der programmatische Titel eines kürzlich von R. Brun herausgegebenen Buchs (Brun 1978), das unter diesem Anspruch dann freilich eher etwas zu kurz greift.

18 Bekannt geworden sind vor allem zwei Arbeiten dieses Autors: Galbraith, J. K.: Gesellschaft im Überfluß (1958), 34.–39. Tsd., München/Zürich 1972 sowie ders.: Die moderne Industriegesellschaft (1968), 28.–38. Tsd., München/Zürich 1971.

19 Woll 1969, S. 59; sowie Samuelson 1975, Band 2, S. 182.

20 Die Behauptung einer solchen durchgängigen Tradition ist ein zentrales Motiv z. B. der Arbeiten von Popper, Topitsch und Lübbe; vgl. Topitsch 1961, Topitsch 1973, Topitsch 1958, Popper 1958 und Lübbe 1963. Es kann hier dahingestellt bleiben, ob der im Text skizzierten Auffassung eine Fehlinterpretation von Platon und von anderen Autoren zugrunde liegt. Unbestreitbares Faktum bleibt sicherlich, daß in der Geschichte mit oder ohne Berufung auf philosophische Autorität recht oft der Versuch unternommen wurde, den Individuen vorzuschreiben, was ihre ‚wahren' Bedürfnisse seien.

21 Zur Unterscheidung von Bedürfnis, Bedarf und Nachfrage vgl. den Beitrag von K. M. Meyer-Abich in diesem Band.

22 Symmetrisch dazu läßt sich eine Kritik von Formen der Befriedigung eines Bedürfnisses denken. Sie müßte (ohne das jeweilige Bedürfnis selbst in Frage zu stellen) in einem diskursiven Verfahren prüfen, ob ein bestimmter Bedarf bzw. eine bestimmte Nachfrage mit dem gesamten Spektrum von Bedürfnissen eines Individuums in Einklang steht.

23 Für diese Werbung gilt, daß sie tendenziell rationaler, informativer und technischer ist als die Konsumgüterwerbung.

24 Die gängige Redeweise, „ein Politiker (oder eine Politik) lasse sich gut bzw. weniger gut *verkaufen*", zeigt die Herkunft des Instrumentariums noch deutlich an.

25 Die Übernahme von Formen der Absatzwerbung in die Politik wurde durch einen Wandel des Parlamentarismus ermöglicht, der sich im theoretischen Selbstverständnis als Ablösung der klassischen Demokratietheorie (Pufendorf/Rousseau) durch eine am Repräsentationsgedanken und an einem Konkurrenzmodell orientierte Demokratietheorie beschreiben läßt. Vgl. hierzu die Ausführungen bei Lenk 1972, S. 11 ff.

26 Vgl. beispielsweise die Ausführungen bei Leitherer 1969, S. 35ff.

27 Wiswede 1972b. Merkwürdigerweise meint der zitierte Autor damit ein Argument gegen radikale Gegner der Werbung gefunden zu haben, die das ‚normative Postulat' erheben, Werbung solle der Information der Konsumenten dienen.

28 Von Verteidigern der Werbung wird das Informationsargument gern in dieser Weise gebraucht. Vgl. als Beispiel: Molitor 1974, S. 95ff.

29 Eine ausführliche Darstellung solcher Rechtfertigungsargumentationen findet sich bei Kroeber-Riel 1975, S. 391ff.

30 Vgl. z. B. die Argumentation bei Schönbohm 1969, S. 20ff. sowie S. 32ff.

31 Das bedeutet, daß es überhaupt Präferenzordnungen geben muß, weil sonst gar kein rationales Urteilen möglich ist. Vgl. Krelle 1968, S. 3ff.

32 Ähnlich argumentiert Kroeber-Riel 1975, S. 393.

33 Vgl. dazu auch die Hinweise bei Kroeber-Riel 1975, S. 395ff.

34 Gemeint ist damit ein Stromversorgungssystem, aus dem bestimmte, nicht unbedingt lebenswichtige Geräte, wie z. B. Waschmaschinen und Geschirrspülmaschinen, ausgekoppelt werden können, wenn der Gesamtverbrauch die Kapazität des Stromnetzes zu übersteigen droht. Ein solches System ist schon seit Jahren in Bayreuth in Betrieb.

35 Ergebnisse einer Analyse von H.-J. Luhmann im Rahmen der Studie ‚Wirtschaftspolitische Steuerungsmöglichkeiten zur Einsparung von Energie durch alternative Technologien' der Arbeitsgruppe Umwelt, Gesellschaft, Energie (AUGE) der Universität Essen im Auftrag des Bundesministeriums für Forschung und Technologie, Essen 1978.

36 Unsere Überlegungen zu Kommunikationsbedürfnissen in Einkaufssituationen stehen im Kontext einer Forschungsorientierung der Arbeitsgruppe Wirtschafts- und Verwaltungssoziologie an der Universität Essen GHS (Leitung: Prof. Dr. E. Golomb, Prof. Dr. E. Pankoke). Unter der Fragestellung „Funktionale Orientierung oder sozialräumliches Erleben beim Konsum?" werden beobachtbare Entwicklungen im Einzelhandel auf den Zusammenhang gesellschaftlicher Modernisierung bezogen. Zu ersten Hinweisen Commandeur und Nokielski 1977.

37 Welche Defizite und Besonderheiten direkter Kommunikation sich unter den Bedingungen von Verstädterung ergeben, wird in klassischer Form von Georg Simmel (1903) in seinem Aufsatz über die „Großstädte und das Geistesleben", unter den Bedingungen von Geldwirtschaft in „Philosophie des Geldes" (1900), dargestellt.

38 Eine sozialstrukturelle Interpretation der Einkaufssituation verweist auf die Asymmetrie der Sozialbeziehung und den Wunsch der Handelnden, diese Asymmetrie durch Reverenzformeln auszugleichen.

39 Ansätze einer kommunikationstheoretischen Andeutung rationaler Marktstrukturen finden sich bereits bei Max Weber (Weber 1922, S. 364–367) in dem unvollendeten Kapitel „Markt" zu „Wirtschaft und Gesellschaft".

40 Simmels „Exkurs über den Fremden" behandelt im Kontext einer „Soziologie des Raumes" den Fremden – und dessen Bedeutung für den Bestand lokaler Gemeinschaft – ausdrücklich am Beispiel des Händlers, wobei die Beziehung zum Fremden als ein gegenseitiges Spannungsverhältnis charakterisiert wird, das teilweise auf sozialer Eingebundenheit, teilweise auf sozialer Distanz beruht (Simmel 1908, S. 509ff.).

41 Speziell unter dem Aspekt der Anonymität der Sozialkontakte in städtischen Räumen (Schwonke 1974, S. 45–63).

42 Auf dieses Bedürfnis sind auch sogenannte Kaffeefahrten mit älteren Menschen zugeschnitten (Horn 1976).

43 Die Begriffe Konsumenten- und Käuferverhalten wurden in der wirtschaftswissenschaftlichen Literatur lange Zeit synonym verwandt, was insofern unproblematisch schien, als man – ausgehend von der Vorrangigkeit des Verbrauchs – das Käuferverhalten als notwendige Konsequenz der Dispositionen und Aspirationen des Konsumenten ansah. Ein solcher Ansatz versagt jedoch schon dann, wenn es darum geht, Einkaufshäufigkeiten zu bestimmen (Wack 1975). Dabei ist es aus der Sicht der Konsumsoziologie weniger bedeutend, daß der Käufer und Verbraucher unterschiedliche Personen sein können, wesentlich ist, daß der Kauf und Verbrauch auf der Verhaltensebene unterschieden werden müssen. In einer modernisierungstheoretischen Analyse wäre auch diese Differenzierung aufzuheben zugunsten einer ganzheitlichen Definition des Konsums als eigenständigem Sinnsystem.

44 Zur Wiederbelebung der „kulturellen Bedeutung des Kaufaktes" durch Besetzung funktionaler Orientierungen mit kommunikativen Situationsversprechungen auf Flohmärkten s. Grasskamp 1978, S. 27f.

45 Im Text angegebene empirische Daten stammen aus Befragungen, die im Rahmen von Lehr-Forschungsprojekten erhoben wurden. Vgl. dazu auch Anmerkung 36. Verweigerungen der Antwort sind in den Tabellen nicht separat ausgewiesen.

46 Zur „Inszenierung der Alltagswelt" Durth 1977.

47 In einer von der Forschungsstelle für den Handel, Berlin, in verschiede-

nen Großstädten durchgeführten Befragung von Einzelhändlern wurden als besonders wünschenswerte Veranstaltungen im Bereich kommerzieller Fußgängerzonen genannt: Werbewochen, Weihnachtsmarkt, Straßenkonzert sowie Inszenierung verschiedener Formen von öffentlichen Festen, Stadt-, Blumen-, Kinderfest etc. (Forschungsstelle für den Handel 1978, S. 43).

Die Autoren

Dieter Birnbacher, Dr. phil und M. A. (Cambridge), geb. 1946, Studium der Philosophie, Anglistik und Allgemeinen Sprachwissenschaft in Düsseldorf, Cambridge und Hamburg. 1973 Wiss. Assistent an der Pädagogischen Hochschule Hannover, 1974 an der Universität Essen GHS, 1978 Akademischer Rat. Seit 1974 Mitglied der Arbeitsgruppe Umwelt, Gesellschaft, Energie (AUGE) der Universität Essen GHS. Arbeitsgebiete: Praktische Philosophie, Erkenntnistheorie, Philosophische Psychologie.

Claus Commandeur, Dipl.-Kfm., geb. 1950, Studium der Wirtschaftswissenschaft in Essen. Wissenschaftlicher Mitarbeiter der Arbeitsgruppe Wirtschaftssoziologie an der Universität Essen GHS. Forschungstätigkeit im Bereich der Konsumsoziologie.

Zeyde-Margreth Erdmann, geb. 1922. Studium der Germanistik, Ethnologie und Philosophie. Schauspielausbildung und Schauspieltätigkeit in Oldenburg, Karlsruhe, Hamburg. Ausbildung als Psychotherapeutin. 1960–1965 psychotherapeutische Tätigkeit an der Sonderschule. 1963–1970 Lehrauftrag am Institut für Psychagogik in Heidelberg. Seit 1958 freie psychotherapeutische Praxis in Darmstadt.

Iring Fetscher, Dr. phil., geb. 1922. Studium der Philosophie, Germanistik und Geschichte in Tübingen und Paris. Seit 1963 Professor für Politikwissenschaft an der Universität Frankfurt.

Bernhard Glaeser, Dr. phil. und Dipl.-Kfm., geb. 1941. Studium der Philosophie und Wirtschaftswissenschaften in Heidelberg, München und Hamburg. 1971 Wiss. Assistent der Arbeitsgemeinschaft Umweltschutz an der Universität Heidelberg. Seit 1976 Leiter des Schwerpunktbereichs „Umweltpolitik: Technologische Aspekte und Internationale Entwicklung" im Internationalen Institut für Umwelt und Gesellschaft des Wissenschaftszentrums Berlin. Arbeitsgebiete: Umweltprobleme in Entwicklungsländern und Theorie der Humanökologie.

Karl Otto Hondrich, Dr. rer. pol. und Dipl.-Volksw., geb. 1937. Studium der Soziologie, Ökonomie und Politikwissenschaft in Frankfurt, Berlin, Köln, Paris und Berkeley. Seit 1972 Professor für Soziologie an der Universität Frankfurt. 1963–1965 Dozent an der Wirtschaftsfakultät der Universität Kabul/Afghanistan. 1969 Privatdozent für Soziologie in Köln. Tätigkeit in der Arbeitsgruppe Soziale Infrastruktur, insbesondere auf dem Gebiet der Bedürfnisforschung und ihrer Anwendungsmöglichkeiten in der politischen Planung.

Katrin Lederer, Dipl.-Soz., geb. 1944. Studium der Soziologie, Ökonomie, Psychologie und Wirtschaftsgeographie in Hamburg. 1971–1973 Mitglied der Freien Planungsgruppe Berlin (freiberufliche Stadt- und Regionalplaner), Beteiligung an Sanierungs- und Entwicklungsgutachten. 1973–1975 Mitarbeiterin am Zentrum Berlin für Zukunftsforschung. Seit 1976 Mitarbeiterin des Internationalen Instituts für Umwelt und Gesellschaft des Wissenschaftszentrums Berlin. Arbeitsgebiete: Weiterentwicklung und Praxisorientierung der umweltbezogenen Bedürfnisforschung, Arbeiten im Bereich der Theorie, Methodik und Strategie sozial relevanter Umweltforschung und -politik.

Hans-Jochen Luhmann, Dipl.-Volksw., geb. 1946. Studium der Ökonomie, Mathematik und Philosophie in Hamburg, Heidelberg und Basel. Seit 1974 Mitglied der Arbeitsgruppe Umwelt, Gesellschaft, Energie (AUGE) der Universität Essen GHS. Arbeitsgebiete: Energiewirtschaft, Theoretische Ökonomie.

Horst Meixner, Dipl. oec., geb. 1949. Studium der Wirtschaftswissenschaften in Gießen. Seit 1974 Mitglied der Arbeitsgruppe Umwelt, Gesellschaft, Energie (AUGE) der Universität Essen GHS. Arbeitsgebiete: Technologische Entwicklung und natürliche Reproduktionsgrundlagen, Wirtschaftspolitische Möglichkeiten zur Einsparung von Energie.

Klaus Michael Meyer-Abich, Dr. phil. und Dipl.-Phys., geb. 1936. Professor für Naturphilosophie an der Universität Essen GHS. Sprecher der interdisziplinären Arbeitsgruppe Umwelt, Gesellschaft, Energie (AUGE). 1964–1969 Mitarbeiter von C. F. von Weizsäcker an der Universität Hamburg, 1970–1972 am Max-Planck-Institut zur Erforschung der Lebensbedingungen der wissenschaftlich-technischen Welt in Starnberg. Nebenamtlicher Studienleiter an der Evangelischen Akademie Hofgeismar. Korrespondierendes Mitglied der Forschungsstätte der Evangelischen Studiengemeinschaft (F. E. St.) in Heidelberg. Seit 1976 Vorsitzender der Vereinigung Deutscher Wissenschaftler (VDW).

Hans Nokielski, Dr. päd. und Dipl. rer. soc., geb. 1946. Studium der Sozialwissenschaft in Bochum. Wiss. Assistent an der Universität Essen GHS. Mitarbeiter der Arbeitsgruppe Wirtschaftssoziologie an der Universität Essen GHS.